MP3 다운로드 방법

컴퓨터에서
- 네이버 블로그 주소란에 **www.lancom.co.kr** 입력 또는 네이버 블로그 검색창에 **랭컴**을 입력하신 후 다운로드

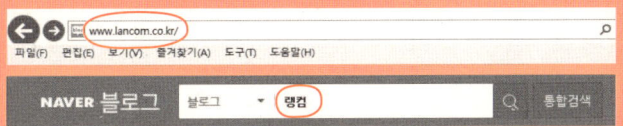

- **www.webhard.co.kr**에서 직접 다운로드
  아이디 : lancombook
  패스워드 : lancombook

스마트폰에서 **콜롬북스 앱**을 통해서 본문 전체가 녹음된 **MP3** 파일을 **무료**로 **다운로드**할 수 있습니다.

- 구글플레이·앱스토어에서 **콜롬북스 앱** 다운로드 및 설치
- 회원 가입 없이 원하는 도서명을 검색 후 **MP3 다운로드**
- 회원 가입 시 더 다양한 **콜롬북스** 서비스 이용 가능

▶ mp3 다운로드
www.lancom.co.kr에 접속하여 **mp3**파일을 무료로 다운로드합니다.

▶ 우리말과 중국인의 1 : 1 녹음
책 없이도 공부할 수 있도록 중국인 남녀가 자연스런 속도로 번갈아가며 중국어 문장을 녹음하였습니다. 우리말 한 문장마다 중국인 남녀 성우가 각각 1번씩 읽어주기 때문에 한 문장을 두 번씩 듣는 효과가 있습니다.

▶ mp3 반복 청취
교재를 공부한 후에 녹음을 반복해서 청취하셔도 좋고, 중국인의 녹음을 먼저 듣고 잘 이해할 수 없는 부분은 교재로 확인해보는 방법으로 공부하셔도 좋습니다. 어떤 방법이든 자신에게 잘 맞는다고 생각되는 방법으로 꼼꼼하게 공부하십시오. 보다 자신 있게 중국어를 할 수 있게 될 것입니다.

▶ 정확한 발음 익히기
발음을 공부할 때는 반드시 함께 제공되는 mp3 파일을 이용하시기 바랍니다. 중국어를 배울 때 듣는 것이 중요하다는 것은 두말할 필요가 없습니다. 오랫동안 자주 반복해서 듣는 연습을 하다보면 어느 순간 갑자기 말문이 열리게 되는 것을 경험할 수 있을 것입니다. 의사소통을 잘 하기 위해서는 말을 잘하는 것도 중요하지만 상대가 말하는 것을 정확하게 듣는 것이 더 중요하다고 합니다. 활용도가 높은 기본적인 표현을 가능한 한 많이 암기할 것과, 동시에 중국인이 읽어주는 문장을 지속적으로 꾸준히 듣는 연습을 병행하시기를 권해드립니다. 듣는 연습을 할 때는 실제로 소리를 내어 따라서 말해보는 것이 더욱 효과적입니다.

쓰면서
말해봐
중국어회화
여행편

쓰면서 말해봐 중국어회화 여행편

2017년 12월 10일 초판 1쇄 인쇄
2017년 12월 15일 초판 1쇄 발행

지은이 송미경
발행인 손건
편집기획 김상배, 장수경
마케팅 이언영
디자인 이성세
제작 최승용
인쇄 선경프린테크

발행처 *LanCom* 랭컴
주소 서울시 영등포구 영신로38길 17
등록번호 제 312-2006-00060호
전화 02) 2636-0895
팩스 02) 2636-0896
홈페이지 www.lancom.co.kr

ⓒ 랭컴 2017
ISBN 979-11-88112-37-1 13720

이 책의 저작권은 저자에게 있습니다. 저자와 출판사의 허락없이
내용의 일부를 인용하거나 발췌하는 것을 금합니다.

쓰면서 말해봐 중국어회화

Write and Talk!

여행편

송미경 지음

LanCom
Language & Communication

 들어가며

중국어회화를 위한 4단계 공부법

읽기 듣기 말하기 쓰기 4단계 중국어 공부법은 가장 효과적이라고 알려진 비법 중의 비법입니다. 아무리 해도 늘지 않던 중국어 공부, 이제 **읽듣말쓰 4단계** 공부법으로 팔 걷어붙이고 달려들어 봅시다!

읽기

왕초보라도 문제없이 읽을 수 있도록 중국인 발음과 최대한 비슷하게 우리말로 발음을 달아 놓았습니다. 우리말 해석과 중국어 표현을 눈으로 확인하며 읽어보세요.

✓ **check point!**
- 같은 상황에서 쓸 수 있는 6개의 표현을 확인한다.
- 우리말 해석을 보면서 중국어 표현을 소리 내어 읽는다.

듣기

책 없이도 공부할 수 있도록 우리말 해석과 중국어 문장이 함께 녹음되어 있습니다. 출퇴근 길, 이동하는 도중, 기다리는 시간 등, 아까운 자투리 시간을 100% 활용해 보세요. 듣기만 해도 공부가 됩니다.

- 우리말 해석과 중국인 발음을 서로 연관시키면서 듣는다.
- 중국인 발음이 들릴 때까지 반복해서 듣는다.

쓰기

중국어 공부의 완성은 쓰기! 손으로 쓰면 우리의 두뇌가 훨씬 더 확실하게, 오래 기억한다고 합니다. 맞쪽에 있는 노트는 공부한 것을 확인하며 쓸 수 있도록 최적화되어 있습니다. 정성껏 쓰다 보면 생각보다 중국어 문장이 쉽게 외워진다는 사실에 깜짝 놀라실 거예요.

✓ check point!

- 적혀 있는 그대로 읽으면서 따라 쓴다.
- 중국인의 발음을 들으면서 쓴다.
- 표현을 최대한 머릿속에 떠올리면서 쓴다.

말하기

듣기만 해서는 절대로 입이 열리지 않습니다. 중국인 발음을 따라 말해보세요. 계속 듣고 말하다 보면 저절로 발음이 자연스러워집니다.

✓ check point!

- 중국인 발음을 들으면서 최대한 비슷하게 따라 읽는다.
- 우리말 해석을 듣고 mp3를 멈춘 다음, 중국어 문장을 떠올려 본다.
- 다시 녹음을 들으면서 맞는지 확인한다.

대화 연습

문장을 아는 것만으로는 충분하지 않습니다. 대화를 통해 문장의 쓰임새와 뉘앙스를 아는 것이 무엇보다 중요하기 때문에 6개의 표현마다 대화문을 하나씩 두었습니다.

✓ check point!

- 대화문을 읽고 내용을 확인한다.
- 대화문 녹음을 듣는다.
- 들릴 때까지 반복해서 듣는다.

이 책의 내용

PART 01 출입국

01	기내에서	12
02	여객선에서	14
03	입국심사	16
04	짐찾기	18
05	세관검사	20
06	환전과 공항면세점에서	22
07	공항안내소	24
08	공항에서 시내로	26
09	귀국 준비	28
10	귀국 공항에서	30

PART 02 숙박

01	호텔 예약	34
02	체크인 1	36
03	체크인 2	38
04	호텔 프런트에서	40
05	호텔안의 시설을 이용할 때	42
06	룸서비스	44
07	호텔에서의 트러블	46
08	체크아웃 준비	48
09	체크아웃	50
10	초대소 이용하기	52

PART 03 식사

01	식당을 찾을 때	56
02	식당 예약	58
03	자리에 앉을 때까지	60
04	메뉴를 볼 때	62
05	주문할 때	64
06	식당에서의 트러블	66
07	식사를 하면서	68
08	음식맛의 표현	70
09	식당에서의 계산	72
10	술을 마실 때	74

Write and Talk!

PART 04 교통

01	길을 물을 때	78
02	택시를 탈 때	80
03	버스를 탈 때	82
04	지하철을 탈 때	84
05	열차를 탈 때	86
06	비행기를 탈 때	88
07	렌터카	90
08	자동차를 운전할 때	92
09	길을 잃었을 때	94
10	교통사고가 났을 때	96

PART 05 관광

01	관광안내소에서	100
02	관광버스・투어를 이용할 때	102
03	관광지에서	104
04	관람할 때	106
05	사진촬영을 부탁할 때	108
06	노래방・클럽・바에서	110
07	도움을 청할 때	112
08	위급한 상황일 때	114
09	난처할 때	116
10	말이 통하지 않을 때	118

PART 06 쇼핑

01	가게를 찾을 때	122
02	쇼핑센터에서	124
03	물건을 찾을 때	126
04	물건을 고를 때	128
05	물건값을 흥정할 때	130
06	물건값을 계산할 때	132
07	포장이나 배달을 원할 때	134
08	교환이나 환불을 원할 때	136
09	물건을 분실했을 때	138
10	도난당했을 때	140

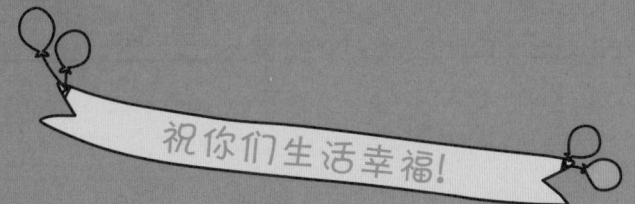

PART 01

你汉语说得真好.

✮ 눈으로 읽고
✮ 귀로 듣고
✮ 손으로 쓰고
✮ 입으로 소리내어 말한다!

출입국

 # 기내에서

>> 녹음을 듣고 소리내어 읽어볼까요? 듣기

(탑승권을 보이며) 제 자리는 어디인가요?
请问我的座位在哪里？
Qǐngwèn wǒ de zuòwèi zài nǎlǐ
칭원 워 더 쭈어웨이 짜이 나리

이 짐은 어디에 두는 것이 좋죠?
这件行李放哪儿好呢？
Zhè jiàn xíngli fàng nǎr hǎo ne
쩌 지엔 싱리 팡 날 하오 너

좌석을 바꿔 앉아도 될까요?
可不可以换座位？
Kěbùkěyǐ huàn zuòwèi
크어뿌크어이 후안 쭈어웨이

음료수는 어떤 것들이 있죠?
有什么饮料？
Yǒu shénme yǐnliào
여우 션머 인리아오

몸이 좀 안 좋은데요.
我有点不舒服。
Wǒ yǒudiǎn bù shūfú
워 여우디엔 뿌 수푸

입국신고카드 한 장 주세요.
请给我一张入境登记卡。
Qǐng gěi wǒ yīzhāng rùjìng dēngjìkǎ
칭 게이 워 이짱 루찡 떵지카

A: 您要什么果汁？
B: 我不喝，谢谢。

어떤 주스를 드릴까요?
마시지 않겠습니다. 감사합니다.

>> 또박또박 쓰면서 말해볼까요? >> 말하기 <<

- 请问我的座位在哪里?

- 这件行李放哪儿好呢?

- 可不可以换座位?

- 有什么饮料?

- 我有点不舒服。

- 请给我一张入境登记卡。

여객선에서

>> 녹음을 듣고 소리내어 읽어볼까요?   《 듣기 》

여객선은 몇 시에 출발하죠?
客轮几点出发?
Kèlún jǐdiǎn chūfā
크어룬 지디엔 추파

몇 번 부두에서 배를 타죠?
在几号码头上船?
Zài jǐ hàomǎ tóushàng chuán
짜이 지 하오마 터우샹 추안

이 선실은 어디에 있어요?
这个船舱在哪儿?
Zhège chuáncāng zài nǎr
쩌거 추안창 짜이 날

배에 식당이 있나요?
船上有餐厅吗?
Chuán shàng yǒu cāntīng ma
추안 샹 여우 찬팅 마

뱃멀미를 하는데, 약 있어요?
我有点晕船，有没有药?
Wǒ yǒudiǎn yūnchuán, yǒuméiyǒu yào
워 여우디엔 윈추안, 여우메이여우 야오

구명조끼는 어디에 있죠?
救生服在哪里?
Jiùshēngfú zài nǎlǐ
지어우셩푸 짜이 나리

A: 我的卧具是哪个?
B: 你是在这里。

제 침구는 어느 거예요?
당신 것은 여기에 있습니다

>> 또박또박 쓰면서 말해볼까요?   >> 말하기 <<

✎ 客轮几点出发?

✎ 在几号码头上船?

✎ 这个船舱在哪儿?

✎ 船上有餐厅吗?

✎ 我有点晕船，有没有药?

✎ 救生服在哪里?

# Unit 03 입국심사

>> 녹음을 듣고 소리내어 읽어볼까요?

여권을 보여주십시오.
请出示您的护照。
Qǐng chūshì nín de hùzhào
칭 추스 닌 더 후짜오

입국신고서를 적어주세요.
请填入境登记卡。
Qǐng tián rùjìng dēngjìkǎ
칭 티엔 루찡 떵지카

입국 목적은 무엇입니까?
入境目的是什么?
Rùjìng mùdì shì shénme
루찡 무띠 스 션머

며칠 계실 겁니까?
打算逗留几天?
Dǎsuàn dòuliú jǐtiān
다쑤안 떠우리어우 지티엔

어디에 머무실 예정입니까?
您打算住在哪里?
Nín dǎsuàn zhùzài nǎlǐ
닌 다쑤안 쭈짜이 나리

아직 정하지 않았습니다.
还没有决定。
Hái méiyǒu juédìng
하이 메이여우 쥐에띵

Conversation

A: 旅行目的是什么?
B: 我是来观光的。

여행 목적은 무엇인가요?
관광하러 왔습니다.

또박또박 쓰면서 말해볼까요?   >> 말하기 <<

✏ 请出示您的护照。

✏ 请填入境登记卡。

✏ 入境目的是什么?

✏ 打算逗留几天?

✏ 您打算住在哪里?

✏ 还没有决定。

Unit 04 짐찾기

>> 녹음을 듣고 소리내어 읽어볼까요?   《 듣기 》

짐은 어디서 찾죠?
在哪儿取行李?
Zài nǎr qǔ xíngli
짜이 날 취 싱리

제 짐이 도착했는지를 봐주세요.
帮我看一下我的行李到没到。
Bāng wǒ kàn yíxià wǒ de xíngli dàoméidào
빵 워 칸 이시아 워 더 싱리 따오메이따오

수화물 하나가 모자란데요.
托运的行李少了一件。
Tuōyùn de xíngli shǎole yíjiàn
투어윈 더 싱리 샤오러 이지엔

이 트렁크는 제 것인데요.
这个皮箱是我的。
Zhège píxiāng shì wǒ de
쩌거 피시앙 스 워 더

제 짐이 안 보이는데요.
我的行李不见了。
Wǒ de xíngli bújiànle
워 더 싱리 부지엔러

짐을 찾으면 어디로 보내 드릴까요?
找到行李后，送到什么地方?
Zhǎodào xíngli hòu, sòngdào shénmedìfāng
자오따오 싱리 허우, 쏭따오 션머띠팡

A: 请问, 在哪儿可以取行李?
B: 往前一直走就是。

실례합니다, 어디에서 짐을 찾을 수 있죠?
앞으로 곧장 가시면 됩니다.

>> 또박또박 쓰면서 말해볼까요?   >> 말하기

在哪儿取行李？

帮我看一下我的行李到没到。

托运的行李少了一件。

这个皮箱是我的。

我的行李不见了。

找到行李后，送到什么地方？

 # 세관검사

>> 녹음을 듣고 소리내어 읽어볼까요? **듣기**

신고할 물품이 있습니까?
您有要申报的物品吗?
Nín yǒu yào shēnbào de wùpǐn ma
닌 여우 야오 션빠오 더 우핀 마

특별한 것은 없습니다.
没什么特别的。
Méishénme tèbié de
메이션머 트어비에 더

이런 물건도 신고해야 하나요?
这种物品也需要申报吗?
Zhèzhǒng wùpǐn yě xūyào shēnbào ma
쩌종 우핀 이에 쉬야오 션빠오 마

가방을 열어 주세요.
请打开这个包。
Qǐng dǎkāi zhège bāo
칭 다카이 쩌거 빠오

짐을 펼쳐주시겠어요?
请把行李打开给我看看。
Qǐng bǎ xíngli dǎkāi gěi wǒ kànkan
칭 바 싱리 다카이 게이 워 칸칸

일용품과 선물입니다.
这是日用品和礼品。
Zhè shì rìyòngpǐn hé lǐpǐn
쩌 스 르용핀 흐어 리핀

A: 这些行李都是您的吗?
B: 是，这些都是我的。
이 짐은 모두 당신 것입니까?
예, 모두 제 것입니다.

또박또박 쓰면서 말해볼까요? >> 말하기 <<

✎ 您有要申报的物品吗?

✎ 没什么特别的。

✎ 这种物品也需要申报吗?

✎ 请打开这个包。

✎ 请把行李打开给我看看。

✎ 这是日用品和礼品。

Unit 06 환전과 공항면세점에서

>> 녹음을 듣고 소리내어 읽어볼까요?

듣기

어디서 외화를 환전할 수 있나요?

在哪儿可以兑换外汇？

Zài nǎr kěyǐ duìhuàn wàihuì

짜이 날 크어이 뚜에이후안 와이후에이

여기서 환전할 수 있나요?

这里可以换钱吗？

Zhèli kěyǐ huànqián ma

쩌리 크어이 후안치엔 마

인민폐 1원은 한국돈 얼마인가요?

一元人民币是多少韩币？

Yīyuán rénmínbì shì duōshǎo hánbì

이위엔 런민삐 스 뚜어샤오 한삐

잔돈으로 좀 바꾸고 싶은데요.

我想换点零钱。

Wǒ xiǎng huàn diǎn língqián

워 시앙 후안 디엔 링치엔

저기요, 면세점이 어디에 있죠?

请问, 免税店在哪儿？

Qǐngwèn, miǎnshuìdiàn zài nǎr

칭원, 미엔수에이띠엔 짜이 날

몇 가지 선물을 사고 싶은데요.

我想买些礼品。

Wǒ xiǎng mǎi xiē lǐpǐn

워 시앙 마이 시에 리핀

Conversation

A: 我想兑换钱。
B: 您想兑换多少钱？

환전 좀 하고 싶은데요.
얼마를 환전하시겠어요?

>> 또박또박 쓰면서 말해볼까요?   >> 말하기 <<

在哪儿可以兑换外汇?

这里可以换钱吗?

一元人民币是多少韩币?

我想换点零钱。

请问, 免税店在哪儿?

我想买些礼品。

Unit 07 공항안내소

» 녹음을 듣고 소리내어 읽어볼까요?   《 듣기 》

여행 안내소는 어디에 있나요?

请问，旅行问讯处在哪儿？
Qǐngwèn, lǚxíng wènxùnchù zài nǎr
칭원, 뤼싱 원쉰추 짜이 날

시내로 가는 리무진 버스가 있나요?

有进市内的班车吗？
Yǒu jìn shìnèi de bānchē ma
여우 찐 스네이 더 빤처 마

버스정류소는 어디에 있죠?

公共汽车站在哪儿？
Gōnggòngqìchē zhàn zài nǎr
꽁꽁치처 짠 짜이 날

베이징 호텔은 어떻게 가죠?

去北京饭店怎么走？
Qù Běijīng fàndiàn zěnme zǒu
취 베이징 판띠엔 전머 저우

시내 지도를 한 장 주세요.

请给我一份市内地图。
Qǐng gěi wǒ yífèn shìnèi dìtú
칭 게이 워 이펀 스네이 띠투

호텔까지 시간이 얼마나 걸리나요?

到饭店需要多长时间？
Dào fàndiàn xūyào duōcháng shíjiān
따오 판띠엔 쉬야오 뚜어창 스지엔

A: 民航班车站在哪儿？
B: 在地下一楼。

리무진 정류소는 어디에 있나요?
지하 1층에 있습니다.

또박또박 쓰면서 말해볼까요?

>> 말하기 <<

请问，旅行问讯处在哪儿？

有进市内的班车吗？

公共汽车站在哪儿？

去北京饭店怎么走？

请给我一份市内地图。

到饭店需要多长时间？

공항에서 시내로

>> 녹음을 듣고 소리내어 읽어볼까요?

카트는 어디서 빌리죠?
在哪儿能借手推车?
Zài nǎr néng jiè shǒutuīchē
짜이 날 넝 지에 셔우투에이처

이 짐만 옮겨 주세요.
请把行李托运一下。
Qǐng bǎ xínglǐtuōyùn yīxià
칭 빠 싱리투어윈 이시아

택시 승강장은 어디에 있나요?
出租汽车站在哪儿?
Chūzūqìchē zhàn zài nǎr
추쭈치처 짠 짜이 날

베이징 호텔까지 가 주세요.
请送我到北京饭店。
Qǐng sòng wǒ dào Běijīng fàndiàn
칭 쏭 워 따오 베이찡 판띠엔

공항 버스는 어디서 타죠?
在哪儿坐民航班车?
Zài nǎr zuò mínháng bānchē
짜이 날 쭈어 민항 빤처

표는 얼마예요?
票价是多少钱?
Piàojià shì duōshǎo qián
피아오지아 스 뚜어샤오 치엔

Conversation

A: 您去哪儿?
B: 请去这里。

어디로 모실까요?
(주소를 보이며) 이리 가 주세요.

  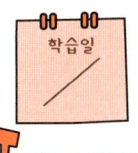

>> 또박또박 쓰면서 말해볼까요?　　>> 말하기 <<

✎ 在哪儿能借手推车？

✎ 请把行李托运一下。

✎ 出租汽车站在哪儿？

✎ 请送我到北京饭店。

✎ 在哪儿坐民航班车？

✎ 票价是多少钱？

 # Unit 09 귀국 준비

>> 녹음을 듣고 소리내어 읽어볼까요?

예약을 좀 확인하고 싶은데요.
我想确认一下机票。
Wǒ xiǎng quèrèn yíxià jīpiào
워 시앙 취에런 이시아 지피아오

저는 김성호라고 합니다.
我叫金成浩。
Wǒ jiào Jīn Chénghào
워 지아오 진 청하오

항공편을 변경하고 싶은데요.
我想改航班。
Wǒ xiǎng gǎi hángbān
워 시앙 가이 항빤

더 일찍 떠나는 비행편에 빈자리는 있습니까?
再早点的航班有空座吗?
Zài zǎodiǎn de hángbān yǒukòng zuò ma
짜이 자오디엔 더 항빤 여우콩 쭈어 마

몇 시에 출발하죠?
几点出发?
Jǐdiǎn chūfā
지디엔 추파

확인이 되었습니다.
确认好了。
Quèrèn hǎo le
취에런 하오 러

Conversation

A: 我想确认机票。
B: 什么时候的?

예약을 확인하고 싶은데요.
언제 비행기표입니까?

>> 또박또박 쓰면서 말해볼까요?   >> 말하기 <<

✏ 我想确认一下机票。

✏ 我叫金成浩。

✏ 我想改航班。

✏ 再早点的航班有空座吗?

✏ 几点出发?

✏ 确认好了。

귀국 공항에서

>> 녹음을 듣고 소리내어 읽어볼까요?

저기요, 공항세는 어디서 내죠?
请问，在哪儿买机场建设费？
Qǐngwèn, zài nǎr mǎi jīchǎngjiànshè fèi
칭원, 짜이 날 마이 지창지엔서 페이

저기요, 어디서 수속을 합니까?
请问，在哪儿办手续？
Qǐngwèn, zài nǎr bàn shǒuxù
칭원, 짜이 날 빤 셔우쉬

저기요, 짐은 어디서 보냅니까?
请问，行李在哪儿寄？
Qǐngwèn, xíngli zài nǎr jì
칭원, 싱리 짜이 날 지

언제부터 탑승하죠?
什么时候开始登机？
Shénmeshíhòu kāishǐ dēngjī
션머스허우 카이스 떵지

면세점은 어디에 있습니까?
免税店在哪儿？
Miǎnshuìdiàn zài nǎr
미엔수에이띠엔 짜이 날

탑승구는 어디에 있습니까?
登机口在哪儿？
Dēngjīkǒu zài nǎr
떵지커우 짜이 날

A: 准时出发吗?
B: 因气候恶劣，推迟一小时起飞。

출발은 예정대로 합니까?
악천후로 한 시간 늦어집니다.

또박또박 쓰면서 말해볼까요? >> 말하기

✎ 请问，在哪儿买机场建设费?

✎ 请问，在哪儿办手续?

✎ 请问，行李在哪儿寄?

✎ 什么时候开始登机?

✎ 免税店在哪儿?

✎ 登机口在哪儿?

● 앞에서 배운 대화 내용의 병음입니다. 녹음을 듣고 또박또박 읽어 보세요.

Unit 01 기내에서

A: Nín yào shénme guǒzhī?
B: Wǒ bù hē, xièxie.

Unit 02 여객선에서

A: Wǒ de wòjù shì nǎge?
B: Nǐ shì zài zhèli.

Unit 03 입국심사

A: Lǚxíng mùdì shì shénme?
B: Wǒ shì lái guānguāng de.

Unit 04 짐찾기

A: Qǐngwèn, zài nǎr kěyǐ qǔ xíngli?
B: Wǎngqián yìzhí zǒu jiùshì.

Unit 05 세관검사

A: Zhèxiē xíngli dōushì nín de ma?
B: Shì, zhèxiē dōushì wǒ de.

Unit 06 환전과 공항면세점에서

A: Wǒ xiǎng duìhuàn qián.
B: Nín xiǎng duìhuàn duōshao qián?

Unit 07 공항안내소

A: Mínháng bānchē zhànzài nǎr?
B: Zài dìxià yī lóu.

Unit 08 공항에서 시내로

A: Nín qù nǎr?
B: Qǐng qù zhèli.

Unit 09 귀국 준비

A: Wǒ xiǎng quèrèn jīpiào.
B: Shénmeshíhòu de?

Unit 10 귀국 공항에서

A: Zhǔnshí chūfā ma?
B: Yīn qìhòu'èliè, tuīchí yì xiǎoshí qǐfēi.

PART 02

你汉语说得真好.

✿ 눈으로 읽고
✿ 귀로 듣고
✿ 손으로 쓰고
✿ 입으로 소리내어 말한다!

숙박

Unit 01 호텔 예약

>> 녹음을 듣고 소리내어 읽어볼까요?

방을 예약하고 싶은데요.
我要预定房间。
Wǒ yào yùdìng fángjiān
워 야오 위띵 팡지엔

빈방이 있나요?
有空房吗?
Yǒu kòngfáng ma
여우 콩팡 마

예약을 취소하고 싶은데요.
我要取消预约。
Wǒ yào qǔxiāo yùyuē
워 야오 취시아오 위위에

방값에 아침식사비가 포함되나요?
房费包括早餐吗?
Fángfèi bāokuò zǎocān ma
팡페이 빠오쿠어 자오찬 마

침대 하나를 더 놓으면 얼마인가요?
加一张床多少钱?
Jiā yìzhāng chuáng duōshǎo qián
지아 이짱 추앙 뚜오샤오 치엔

좀 더 싼 방이 있나요?
有没有便宜一点的房间?
Yǒuméiyǒu piányi yìdiǎn de fángjiān
여우메이여우 피엔이 이디엔 더 팡지엔

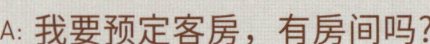

A: 我要预定客房，有房间吗?
B: 您要什么样的客房?

방을 예약하고 싶은데요, 있나요?
어떤 방을 원하세요?

또박또박 쓰면서 말해볼까요? 　　　　　　　　　　　　　　　　 >> 말하기 <<

✏ 我要预定房间。

✏ 有空房吗?

✏ 我要取消预约。

✏ 房费包括早餐吗?

✏ 加一张床多少钱?

✏ 有没有便宜一点的房间?

 # 체크인 1

>> 녹음을 듣고 소리내어 읽어볼까요?

 듣기

예약하셨습니까?
您预约了吗？
Nín yùyuēle ma
닌 위위에러 마

누구 이름으로 예약하셨습니까?
您用什么名字预定的？
Nín yòng shénme míngzi yùdìng de
닌 용 션머 밍즈 위딩 더

이 숙박카드를 작성해주십시오.
请填写这张住宿登记卡。
Qǐng tiánxiě zhè zhāng zhùsùdēngjì kǎ
칭 티엔시에 쩌 장 주쑤떵지 카

먼저 방을 볼 수 있을까요?
可以先看一下房间吗？
Kěyǐ xiān kàn yíxià fángjiān ma
크어이 시엔 칸 이시아 팡지엔 마

조용한 방으로 주세요.
我想要安静一点的房间。
Wǒ xiǎng yào ānjìng yīdiǎn de fángjiān
워 시앙 야오 안찡 이디엔 더 팡지엔

경치가 좋은 방으로 주세요.
我要一间能看到好风景的房间。
Wǒ yào yìjiān néng kàndào hǎo fēngjǐng de fángjiān
워 야오 이지엔 넝 칸따오 하오 펑징 더 팡지엔

A: 您预约了吗？
B: 我已经预约好了。

예약하셨습니까?
예, 예약을 했는데요.

>> 또박또박 쓰면서 말해볼까요?   >> 말하기

- 您预约了吗?

- 您用什么名字预定的?

- 请填写这张住宿登记卡。

- 可以先看一下房间吗?

- 我想要安静一点的房间。

- 我要一间能看到好风景的房间。

 **체크인 2**

» 녹음을 듣고 소리내어 읽어볼까요?

하루에 얼마죠?

住宿费一天多少钱?

Zhùsùfèi yìtiān duōshǎo qián

쭈쑤페이 이티엔 뚜어샤오 치엔

좀 더 싼 방은 없나요?

没有比这个稍便宜的房间吗?

Méiyǒu bǐ zhège shāo piányi de fángjiān ma

메이여우 비 쩌거 샤오 피엔이 더 팡지엔 마

아침식사도 포함이 된 건가요?

早餐费也包括在内吗?

Zǎocān fèi yě bāokuòzàinèi ma

자오찬 페이 이에 빠오쿠어짜이네이 마

내 방은 몇 층 몇 호실인가요?

我的房间是几楼几号?

Wǒ de fángjiān shì jǐ lóu jǐ hào

워 더 팡지엔 스 지 러우 지 하오

룸서비스를 받을 수 있나요?

这儿有房间服务吗?

Zhèr yǒu fángjiān fúwù ma

쩔 여우 팡지엔 푸우 마

다른 방으로 바꾸고 싶은데요.

我要换别的房间。

Wǒ yào huàn biéde fángjiān

워 야오 후안 비에더 팡지엔

A: 没有预订房间, 能不能给一个房间?
B: 可以, 您需要什么样的房间?

예약을 안 했는데 방 있습니까?
네, 어떤 방을 원하십니까?

>> 또박또박 쓰면서 말해볼까요?   >> 말하기

✎ 住宿费一天多少钱?

✎ 没有比这个稍便宜的房间吗?

✎ 早餐费也包括在内吗?

✎ 我的房间是几楼几号?

✎ 这儿有房间服务吗?

✎ 我要换别的房间。

 **호텔 프런트에서**

>> 녹음을 듣고 소리내어 읽어볼까요?

짐을 옮겨드릴까요?
需要给您搬运行李吗？
Xūyào gěi nín bānyùn xíngli ma
쉬야오 게이 닌 빤윈 싱리 마

짐을 로비까지 옮겨주세요.
请把行李搬到大厅。
Qǐng bǎ xíngli bāndào dàtīng
칭 바 싱리 빤따오 따팅

귀중품을 맡기고 싶은데요.
我要保管贵重物品。
Wǒ yào bǎoguǎn guìzhòngwùpǐn
워 야오 바오구안 꾸에이종우핀

방 열쇠를 맡아주세요.
请保管房间钥匙。
Qǐng bǎoguǎn fángjiān yàoshi
칭 바오구안 팡지엔 야오스

저한테 온 메시지가 있나요?
有没有我的留言？
Yǒuméiyǒu wǒ de liúyán
여우메이여우 워 더 리우이엔

내일 택시를 불러 주세요.
明天帮我叫一辆出租车。
Míngtiān bāng wǒ jiào yíliàng chūzūchē
밍티엔 빵 워 지아오 이리앙 추쭈처

Conversation

A: 喂, 是服务台吗？
B: 是啊。您有什么需要？

여보세요, 프런트죠?
네, 그렇습니다. 무얼 도와드릴까요?

40 • 쓰면서 말해봐 여행편

  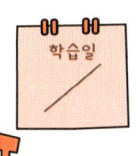

또박또박 쓰면서 말해볼까요?   말하기

需要给您搬运行李吗?

请把行李搬到大厅。

我要保管贵重物品。

请保管房间钥匙。

有没有我的留言?

明天帮我叫一辆出租车。

호텔안의 시설을 이용할 때

>> 녹음을 듣고 소리내어 읽어볼까요?

호텔 안에 세탁소가 있나요?
酒店内有洗衣店吗?
Jiǔdiàn nèi yǒu xǐyīdiàn ma
지어우띠엔 네이 여우 시이띠엔 마

식당은 어디에 있죠?
餐厅在哪儿?
Cāntīng zài nǎr
찬팅 짜이 날

몇 시부터 아침식사가 시작되죠?
几点开始供应早餐?
Jǐdiǎn kāishǐ gōngyīng zǎocān
지디엔 카이스 꽁잉 자오찬

커피숍은 어디에 있죠?
咖啡厅在哪儿?
Kāfēitīng zài nǎr
카페이팅 짜이 날

호텔에 나이트클럽이 있나요?
饭店内有夜总会吗?
Fàndiàn nèi yǒu yèzǒnghuì ma
판띠엔 네이 여우 예종후에이 마

마사지를 예약해 주세요.
请给我订按摩服务。
Qǐng gěi wǒ dìng ànmó fúwù
칭 게이 워 딩 안모어 푸우

Conversation

A: 饭店有班车吗?
B: 有。

호텔 셔틀버스 있나요?
있습니다.

또박또박 쓰면서 말해볼까요? >> 말하기 <<

- 酒店内有洗衣店吗?

- 餐厅在哪儿?

- 几点开始供应早餐?

- 咖啡厅在哪儿?

- 饭店内有夜总会吗?

- 请给我订按摩服务。

 # 룸서비스

>> 녹음을 듣고 소리내어 읽어볼까요? 　《 듣기 》

룸서비스를 부탁할게요.
我需要客房服务。
Wǒ xūyào kèfáng fúwù
워 쉬야오 크어팡 푸우

칫솔를 갖다 주세요.
请给我拿牙刷。
Qǐng gěi wǒ ná yáshuā
칭 게이 워 나 야수아

아침식사를 제 방까지 갖다주세요.
请把早餐送到我的房间。
Qǐng bǎ zǎocān sòngdào wǒ de fángjiān
칭 바 자오찬 쏭따오 워 더 팡지엔

제 방을 청소해주세요.
请打扫一下我的房间。
Qǐng dǎsǎo yíxià wǒ de fángjiān
칭 다싸오 이시아 워 더 팡지엔

에어컨은 어떻게 조절하죠?
空调温度怎么调?
Kōngtiáo wēndù zěnme tiáo
콩티아오 원뚜 전머 티아오

수건이 없는데요.
没有毛巾。
Méiyǒu máojīn
메이여우 마오찐

A: 是房间服务吗?
B: 是啊, 有什么事吗?
룸서비스인가요?
네, 그렇습니다. 무슨 일이십니까?

>> 또박또박 쓰면서 말해볼까요? >> 말하기 <<

✎ 我需要客房服务。

✎ 请给我拿牙刷。

✎ 请把早餐送到我的房间。

✎ 请打扫一下我的房间。

✎ 空调温度怎么调?

✎ 没有毛巾。

 # 호텔에서의 트러블

>> 녹음을 듣고 소리내어 읽어볼까요?

방문을 열 수가 없네요.
房门打不开。
Fángmén dǎbùkāi
팡먼 다뿌카이

욕실에 더운물이 안 나오는데요.
浴室里不出热水。
Yùshì lǐ bùchū rèshuǐ
위스 리 뿌추 러수에이

방 전등이 고장났어요.
房间的灯坏了。
Fángjiān de dēng huài le
팡지엔 더 떵 후아이 러

에어컨이 고장났는데요.
空调坏了。
Kōngtiào huài le
콩티아오 후아이 러

텔레비전 화면이 안 나오는데요.
电视机没有画面。
Diànshìjī méiyǒu huàmiàn
띠엔스지 메이여우 후아미엔

냉장고가 고장났어요.
冰箱出了毛病。
Bīngxiāng chūlemáobìng
삥시앙 추러마오빙

A: 卫生间的水冲不下去。
B: 我们马上派人去修理。

화장실 물이 안 내려가는데요.
지금 곧 사람을 보내 수리해드리겠습니다.

>> 또박또박 쓰면서 말해볼까요?   >> 말하기 <<

✎ 房门打不开。

✎ 浴室里不出热水。

✎ 房间的灯坏了。

✎ 空调坏了。

✎ 电视机没有画面。

✎ 冰箱出了毛病。

 # 체크아웃 준비

>> 녹음을 듣고 소리내어 읽어볼까요?

체크아웃 할게요.
我要退房。
Wǒ yào tuì fáng
워 야오 투에이 팡

체크아웃 시간은 몇 시까지인가요?
退房截止时间是几点?
Tuì fáng jiézhǐ shíjiān shì jǐdiǎn
투에이 팡 지에즈 스지엔 스 지디엔

내일 아침 6시에 택시를 예약하고 싶은데요.
明天早上六点我要出租车。
Míngtiān zǎoshàng liùdiǎn wǒ yào chūzūchē
밍티엔 자오샹 리어우디엔 워 야오 추쭈처

하루 앞당겨 체크아웃하고 싶은데요.
我想提前一天退房。
Wǒ xiǎng tíqián yītiān tuì fáng
워 시앙 티치엔 이티엔 투에이 팡

하루 더 묵고 싶은데요.
我还想住一天。
Wǒ hái xiǎng zhù yìtiān
워 하이 시앙 주 이티엔

오늘 떠나고 싶은데요.
我今天就走。
Wǒ jīntiān jiù zǒu
워 찐티엔 지어우 저우

Conversation

A: 我想结帐。
B: 几号房间?

체크아웃하고 싶은데요.
몇 호실입니까?

또박또박 쓰면서 말해볼까요? >> 말하기 <<

我要退房。

退房截止时间是几点？

明天早上六点我要出租车。

我想提前一天退房。

我还想住一天。

我今天就走。

 **Unit 09 체크아웃**

>> 녹음을 듣고 소리내어 읽어볼까요?

 듣기

지금 체크아웃을 할게요.
我现在就退房。
Wǒ xiànzài jiù tuì fáng
워 시엔짜이 지어우 투에이 팡

요금명세표를 주세요.
请给我帐单。
Qǐng gěi wǒ zhàngdān
칭 게이 워 장딴

이것은 무슨 비용인가요?
这是什么费用?
Zhè shì shénme fèiyòng
쩌 스 션머 페이용

제 짐 좀 옮겨 주세요.
请帮我搬一下行李。
Qǐng bāng wǒ bān yīxià xíngli
칭 빵 워 빤 이시아 싱리

택시를 불러 주시겠어요?
能给我叫出租车吗?
Néng gěi wǒ jiào chūzūchē ma
넝 게이 워 지아오 추쭈처 마

방에 물건을 놓고 나왔는데요.
我把东西落在房间里了。
Wǒ bǎ dōngxi làzài fángjiān lǐ le
워 바 똥시 라짜이 팡지엔 리 러

Conversation

A: 可以用信用卡结帐吗?
B: 可以, 请您在这儿签字。

신용카드로 결제가 되나요?
네, 여기에 사인을 해주십시오.

또박또박 쓰면서 말해볼까요?   >> 말하기 <<

✏ 我现在就退房。

✏ 请给我帐单。

✏ 这是什么费用?

✏ 请帮我搬一下行李。

✏ 能给我叫出租车吗?

✏ 我把东西落在房间里了。

 **Unit 10 초대소 이용하기**

》》 녹음을 듣고 소리내어 읽어볼까요?   듣기

여럿이 머물 수 있는 방은 있나요?
有多人房吗?
Yǒu duō rén fáng ma
여우 뚜어 런 팡 마

방 하나에 침대는 몇 개죠?
一个房间里有几个床位?
Yīgè fángjiān lǐ yǒu jǐgè chuángwèi
이꺼 팡지엔 리 여우 지거 추앙웨이

유학생 할인은 있습니까?
有没有留学生优待?
Yǒuméiyǒu liúxuéshēng yōudài
여우메이여우 리우쉬에셩 여우따이

저는 유학생이 아닌데 묵을 수 있나요?
我不是留学生，可以住吗?
Wǒ búshì liúxuéshēng, kěyǐ zhù ma
워 부스 리우쉬에셩, 크어이 주 마

외국인도 숙박할 수 있습니까?
接待外国人吗?
Jiēdài wàiguórén ma
지에따이 와이구어런 마

뜨거운 물은 몇 시부터 쓸 수 있죠?
从几点可以使用热水?
Cóng jǐdiǎn kěyǐ shǐyòng rèshuǐ
총 지디엔 크어이 스용 러수에이

Conversation

A: 一个房间里有几个床位?
B: 一个房间四个。

방 하나에 침대는 몇 개죠?
방 하나에 4개 있습니다.

  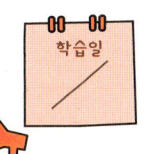

또박또박 쓰면서 말해볼까요? >> 말하기 <<

有多人房吗?

一个房间里有几个床位?

有没有留学生优待?

我不是留学生，可以住吗?

接待外国人吗?

从几点可以使用热水?

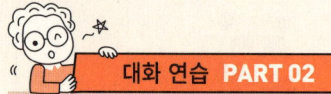 대화 연습 PART 02

● 앞에서 배운 대화 내용의 병음입니다. 녹음을 듣고 또박또박 읽어 보세요.

Unit 01 호텔 예약

A: Wǒ yào yùdìng kèfáng, yǒu fángjiān ma?
B: Nín yào shénmeyàng de kèfáng?

Unit 02 체크인

A: Nín yùyuēle ma?
B: Wǒ yǐjīng yùyuē hǎo le.

Unit 03 체크인

A: Méiyǒu yùdìng fàngjiān, néngbùnéng gěi yíge fángjiān?
B: Kěyǐ, nín xūyào shénmeyàng de fángjiān?

Unit 04 호텔 프런트에서

A: Wèi, shì fúwùtái ma?
B: shìa? Nín yǒu shénme xūyào?

Unit 05 호텔안의 시설과 설비

A: Fàndiàn yǒu bānchē ma?
B: Yǒu.

Unit 06 룸서비스

A: Shì fángjiān fúwù ma?
B: shì a, yǒu shénmeshì ma?

Unit 07 호텔에서의 트러블

A: Wèishēngjiān de shuǐ chōng bú xiàqù.
B: Wǒmen mǎshàng pài rén qù xiūlǐ.

Unit 08 체크아웃 준비

A: Wǒ xiǎng jiézhàng.
B: Jǐ hào fángjiān?

Unit 09 체크아웃

A: Kěyǐ yòng xìnyòngkǎ jiézhàng ma?
B: Kěyǐ, qǐng nín zài zhèr qiānzì.

Unit 10 초대소 이용하기

A: Yīgè fángjiān lǐ yǒu jǐgè chuángwèi?
B: Yīgè fángjiān sìgè.

03 PART

你汉语说得真好.

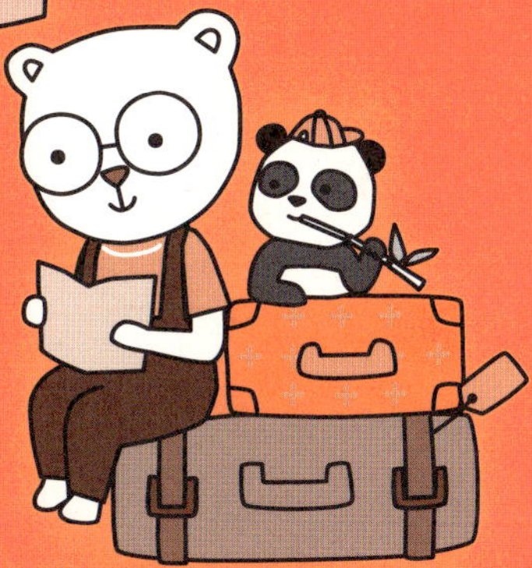

- 눈으로 읽고
- 귀로 듣고
- 손으로 쓰고
- 입으로 소리내어 말한다!

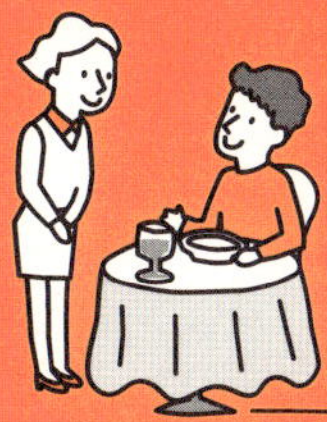

식사

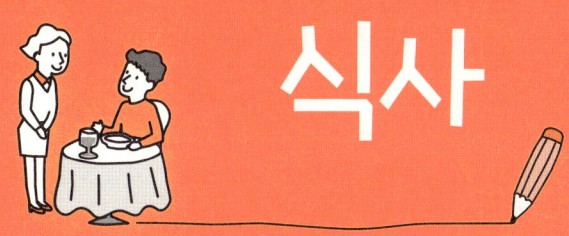

Unit 01 식당을 찾을 때

>> 녹음을 듣고 소리내어 읽어볼까요? 　　　　　　　　　듣기

저기요, 이 근처에 괜찮은 식당 좀 알려 주시겠어요?
请问，这儿附近有没有好一点的餐厅？
Qǐngwèn, zhèr fùjìn yǒuméiyǒu hǎo yìdiǎn de cāntīng
칭원, 쩔 푸찐 여우메이여우 하오 이디엔 더 찬팅

여기 명물요리를 먹고 싶은데요.
我很想尝尝本地的风味。
Wǒ hěn xiǎng chángcháng běndì de fēngwèi
워 흐언 시앙 창창 번띠 더 펑웨이

이 근처에 한식점이 있습니까?
这附近有韩式餐厅吗?
Zhè fùjìn yǒu hánshì cāntīng ma
쩌 푸찐 여우 한스 찬팅 마

별로 안 비싼 식당이 좋겠는데요.
最好是便宜一点的餐厅。
Zuìhǎo shì piányi yìdiǎn de cāntīng
쭈에이하오 스 피엔이 이디엔 더 찬팅

조용한 분위기의 식당이 좋겠는데요.
我喜欢比较安静的餐厅。
Wǒ xǐhuan bǐjiào ānjìng de cāntīng
워 시후안 비지아오 안찡 더 찬팅

사람이 많은 식당이 좋겠는데요.
我喜欢热闹一点的餐厅。
Wǒ xǐhuān rènao yìdiǎn de cāntīng
워 시후안 러나오 이디엔 더 찬팅

A: 你喜欢吃中国菜吗？
B: 我很喜欢吃中国菜。

중국요리를 좋아하세요?
전 중국요리를 아주 즐겨 먹습니다.

또박또박 쓰면서 말해볼까요? >> 말하기

请问，这儿附近有没有好一点的餐厅？

我很想尝尝本地的风味。

这附近有韩式餐厅吗？

最好是便宜一点的餐厅。

我喜欢比较安静的餐厅。

我喜欢热闹一点的餐厅。

 **Unit 02 식당 예약**

» 녹음을 듣고 소리내어 읽어볼까요?   듣기

예약을 하고 싶은데, 빈자리가 있나요?
我要预定, 有空席吗?
Wǒ yào yùdìng, yǒu kòngxí ma
워 야오 위딩, 여우 콩시 마

룸으로 예약할게요.
我要预定包房。
Wǒ yào yùdìng bāofáng
워 야오 위딩 빠오팡

창가 테이블로 주세요.
我要预定靠近窗户的餐桌。
Wǒ yào yùdìng kàojìn chuānghu de cānzhuō
워 야오 위딩 카오찐 추앙후 더 찬주어

몇 테이블 예약하시겠습니까?
您要预定几桌?
Nín yào yùdìng jǐzhuō
닌 야오 위딩 지주어

세트메뉴로 예약할게요.
我要预定套餐。
Wǒ yào yùdìng tàocān
워 야오 위딩 타오찬

성함과 전화번호를 말씀해 주십시오.
请告诉我您的姓名和电话号吗?
Qǐng gàosu wǒ nín de xìngmíng hé diànhuàhào ma
칭 까오쑤 워 닌 더 싱밍 흐어 띠엔후아하오 마

A: 你们那儿可以预定吗?
B: 对不起，今天已经订满了。

예약할 수 있나요?
미안합니다. 오늘밤은 예약이 끝났습니다.

또박또박 쓰면서 말해볼까요?   >> 말하기 <<

✎ 我要预定，有空席吗？

✎ 我要预定包房。

✎ 我要预定靠近窗户的餐桌。

✎ 您要预定几桌？

✎ 我要预定套餐。

✎ 请告诉我您的姓名和电话号吗？

Unit 03 자리에 앉을 때까지

>> 녹음을 듣고 소리내어 읽어볼까요?

어서 오십시오. 예약은 하셨습니까?
欢迎光临, 您预定了吗?
Huānyíng guānglín, nín yùdìngle ma
후안잉 꾸앙린, 닌 위딩러 마

죄송합니다만, 자리가 다 찼습니다.
对不起, 已经客满了。
Duìbùqǐ, yǐjīng kèmǎn le
뚜에이뿌치, 이찡 크어만 러

얼마나 기다려야 하죠?
要等多长时间?
Yào děng duōcháng shíjiān
야오 떵 뚜어창 스지엔

빈 좌석이 있습니다. 이쪽으로 오십시오.
还有空桌, 请跟我来。
Háiyǒu kòngzhuō, qǐng gēn wǒ lái
하이여우 콩주어, 칭 끄언 워 라이

지금은 자리가 다 차서 좌석이 없습니다.
现在已经满了，没有空桌。
Xiànzài yǐjīng mǎn le, méiyǒu kòngzhuō
시엔짜이 이찡 만 러, 메이여우 콩주어

창가 쪽 좌석으로 주세요.
我要靠近窗户的位子。
Wǒ yào kàojìn chuānghu de wèizi
워 야오 카오찐 추앙후 더 웨이즈

Conversation

A: 我没有预定, 有空桌吗?
B: 有, 请跟我来。

예약을 안 했는데, 자리는 있나요?
있습니다. 이쪽으로 오십시오.

>> 또박또박 쓰면서 말해볼까요?   >> 말하기 <<

- 欢迎光临, 您预定了吗?

- 对不起, 已经客满了。

- 要等多长时间?

- 还有空桌, 请跟我来。

- 现在已经满了，没有空桌。

- 我要靠近窗户的位子。

메뉴를 볼 때

>> 녹음을 듣고 소리내어 읽어볼까요?

《 듣기 》

손님, 주문하시겠습니까?
先生，请您点菜。
Xiānshēng, qǐng nín diǎncài
시엔성, 칭 닌 디엔차이

주문할게요.
我要点菜。
Wǒ yào diǎncài
워 야오 디엔차이

메뉴판 좀 줄래요?
请给我菜单。
Qǐng gěi wǒ càidān
칭 게이 워 차이딴

좀 있다가 주문할게요.
等一会儿再点。
Děng yíhuìr zài diǎn
떵 이후알 짜이 디엔

지금 주문하시겠습니까?
您现在就点吗?
Nín xiànzài jiù diǎn ma
닌 시엔짜이 지어우 디엔 마

다 온 다음에 주문할게요.
等都来了再点。
Děng dōu láile zài diǎn
덩 떠우 라이러 짜이 디엔

Conversation

A: 我先看菜单, 菜单在哪里?
B: 菜单在这里, 给您。

먼저 메뉴를 보여주세요. 메뉴판이 어디 있죠?
메뉴는 여기 있습니다.

또박또박 쓰면서 말해볼까요? >> 말하기 <<

✏ 先生，请您点菜。

✏ 我要点菜。

✏ 请给我菜单。

✏ 等一会儿再点。

✏ 您现在就点吗？

✏ 等都来了再点。

 **Unit 05 주문할 때**

>> 녹음을 듣고 소리내어 읽어볼까요? 듣기

어떤 요리를 주문하겠습니까?
您要点什么菜?
Nín yàodiǎn shénme cài
닌 야오디엔 션머 차이

어느 게 괜찮아요?
点哪个好?
Diǎn nǎge hǎo
디엔 나거 하오

이곳 명물요리는 있나요?
有本地名菜吗?
Yǒu běndì míngcài ma
여우 번띠 밍차이 마

여기서 제일 잘하는 요리는 뭔가요?
你们这儿最拿手的菜是什么?
Nǐmen zhèr zuì náshǒu de cài shì shénme
니먼 쩔 쭈에이 나셔우 더 차이 스 션머

이건 무슨 요리죠?
这是什么菜?
Zhè shì shénme cài
쩌 스 션머 차이

이 요리 특색은 뭔가요?
这是什么风味的菜?
Zhè shì shénme fēngwèi de cài
쩌 스 션머 펑웨이 더 차이

Conversation

A: 这道菜要怎么做呢?
B: 我喜欢烤得熟一点。

이 요리는 어떻게 해드릴까요?
전 완전히 구운 것을 좋아해요.

>> 또박또박 쓰면서 말해볼까요? >> 말하기 <<

✏ 您要点什么菜?

✏ 点哪个好?

✏ 有本地名菜吗?

✏ 你们这儿最拿手的菜是什么?

✏ 这是什么菜?

✏ 这是什么风味的菜?

Unit 06 식당에서의 트러블

>> 녹음을 듣고 소리내어 읽어볼까요?

듣기

우리가 주문한 요리는 언제 나와요?

我们点的菜什么时候来?
Wǒmen diǎn de cài shénmeshíhòu lái
워먼 디엔 더 차이 션머스허우 라이

이건 우리가 주문한 요리가 아닌데요.

这不是我们点的菜。
Zhè búshì wǒmen diǎn de cài
쩌 부스 워먼 디엔 더 차이

아직 요리가 한 가지 안 나왔는데요.

还有一道菜没上。
Háiyǒu yídào cài méi shàng
하이여우 이따오 차이 메이 샹

주문한 요리를 바꾸고 싶은데요.

我想换我们点的菜。
Wǒ xiǎng huàn wǒmen diǎn de cài
워 시앙 후안 워먼 디엔 더 차이

냄새가 이상해요. 상한 거 아닌가요?

味道奇怪，是不是变质了?
Wèidào qíguài, shìbúshì biànzhìle
웨이따오 치구아이, 스부스 비엔즈러

이 고기는 덜 익은 것 같은데요.

这肉好象没熟透。
Zhè ròu hǎoxiàng méi shútòu
쩌 러우 하오시앙 메이 수터우

Conversation

A: 先生，您有什么事?
B: 你搞错了，我们没点这个菜。

손님, 무슨 일이십니까?
잘못 나온 것 같아요. 이 요리는 주문하지 않았는데요.

>> 또박또박 쓰면서 말해볼까요?   >> 말하기

- 我们点的菜什么时候来?

- 这不是我们点的菜。

- 还有一道菜没上。

- 我想换我们点的菜。

- 味道奇怪，是不是变质了?

- 这肉好象没熟透。

Unit 07 식사를 하면서

>> 녹음을 듣고 소리내어 읽어볼까요?

듣기

접시 하나 주세요.
我要一个碟子。
Wǒ yào yígè diézi
워 야오 이거 디에즈

젓가락을 바꿔주세요.
我要换一双筷子。
Wǒ yào huàn yìshuāng kuàizi
워 야오 후안 이수앙 쿠아이즈

젓가락 하나 더 주세요.
请再拿一双筷子。
Qǐng zài ná yìshuāng kuàizi
칭 짜이 나 이수앙 쿠아이즈

밥 한 공기 더 주세요.
再来一碗米饭。
Zài lái yìwǎn mǐfàn
짜이 라이 이완 미판

물 한 컵 갖다줄래요?
来一杯水可以吗?
Lái yìbēi shuǐ kěyǐ ma
라이 이뻬이 수에이 크어이 마

티슈 좀 갖다 주세요.
请给我拿餐巾纸。
Qǐng gěi wǒ ná cānjīnzhǐ
칭 게이 워 나 찬찐즈

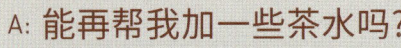

A: 能再帮我加一些茶水吗?
B: 当然可以，您稍等。

찻물 좀 더 따라주세요.
알겠습니다. 잠시만 기다리십시오.

>> 또박또박 쓰면서 말해볼까요? >> 말하기 <<

我要一个碟子。

我要换一双筷子。

请再拿一双筷子。

再来一碗米饭。

来一杯水可以吗?

请给我拿餐巾纸。

 **Unit 08 음식맛의 표현**

» 녹음을 듣고 소리내어 읽어볼까요?   듣기

맛이 어때요?
味道怎么样?
Wèidao zěnmeyàng
웨이다오 전머양

맛이 없네요.
不好吃。
bù hǎochī
뿌 하오츠

이 요리 맛 좀 보세요.
请尝尝这道菜。
Qǐng chángcháng zhè dao cài
칭 창창 쩌 다오 차이

이 요리는 아주 맛있네요.
这道菜很香。
Zhè dao cài hěn xīang
쩌 다오 차이 흐언 시앙

보기만 해도 군침이 도네요.
看着我都流口水了。
Kànzhe wǒ dōu liú kǒushuǐ le
칸저 워 떠우 리어우 커우수에이 러

냄새를 맡아보세요. 아주 향기로워요.
你也闻一下, 很香。
Nǐ yě wén yíxià, hěn xīang
니 이에 원 이시아, 흐언 시앙

Conversation

A: 味道怎么样?
B: 很好吃。

맛이 어때요?
아주 맛있네요.

  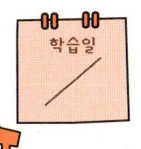

>> 또박또박 쓰면서 말해볼까요? >> 말하기

✏ 味道怎么样?

✏ 不好吃。

✏ 请尝尝这道菜。

✏ 这道菜很香。

✏ 看着我都流口水了。

✏ 你也闻一下, 很香。

 # Unit 09 식당에서의 계산

>> 녹음을 듣고 소리내어 읽어볼까요?   듣기

계산 좀 할게요.
我要结帐。
Wǒ yào jiézhàng
워 야오 지에장

계산은 어디서 하죠?
在哪儿结帐?
Zài nǎr jiézhàng
짜이 날 지에장짱

모두 얼마예요?
一共多少钱?
Yígòng duōshǎo qián
이꽁 뚜어샤오 치엔

여기에 사인하십시오.
请您在这儿签字。
Qǐng nín zài zhèr qiānzì
칭 닌 짜이 쩔 치엔쯔

영수증을 주세요.
请给我开发票。
Qǐng gěi wǒ kāi fāpiào
칭 게이 워 카이 파피아오

제가 계산할게요.
我来付钱。
Wǒ lái fùqián
워 라이 푸치엔

Conversation

A: 服务员，买单。有单据吗?
B: 有，给你。

종업원, 계산합시다. 계산서는요?
여기 있습니다.

>> 또박또박 쓰면서 말해볼까요?   >> 말하기 <<

✎ 我要结帐。

✎ 在哪儿结帐?

✎ 一共多少钱?

✎ 请您在这儿签字。

✎ 请给我开发票。

✎ 我来付钱。

술을 마실 때

>> 녹음을 듣고 소리내어 읽어볼까요?

식사 전에 한 잔 하시죠?

饭前喝一杯吧。

Fànqián hē yìbēi ba

판치엔 흐어 이뻬이 바

술 종류 좀 볼까요?

看一下酒水单吧。

Kàn yíxià jiǔshuǐ dān ba

칸 이시아 지어우수에이 딴 바

저는 콩푸쟈주를 마시고 싶군요.

我想喝孔府家酒。

Wǒ xiǎng hē Kǒngfǔjiājiǔ

워 시앙 흐어 콩푸지아지어우

맥주 한 병 더 주세요.

再来一瓶啤酒。

Zài lái yìpíng píjiǔ

짜이 라이 이핑 피지어우

이 맥주를 찬 것으로 바꿔주세요.

把这啤酒换成冰镇的。

Bǎ zhè píjiǔ huàn chéng bīng zhèn de

바 쩌 피지어우 후안 청 삥 쩐 더

어떤 종류의 안주가 있나요?

都有什么下酒菜?

Dōu yǒu shénme xiàjiǔcài

떠우 여우 션머 시아지어우차이

Conversation

A: 您要什么酒啊?

B: 就来啤酒吧，还有什么下酒菜?

어떤 술을 드시겠습니까?

맥주로 주세요. 그리고 안주는 뭐가 있죠?

74 • 쓰면서 말해봐 여행편

또박또박 쓰면서 말해볼까요?

>> 말하기 <<

饭前喝一杯吧。

看一下酒水单吧。

我想喝孔府家酒。

再来一瓶啤酒。

把这啤酒换成冰镇的。

都有什么下酒菜？

● 우리 말을 중국어로 말해 보세요.

Unit 01 식당을 찾을 때

A: Nǐ xǐhuān chī zhōngguócài ma?
B: Wǒ hěn xǐhuān chī zhōngguócài.

Unit 02 식당 예약

A: Nǐmen nàr kěyǐ yùdìng ma?
B: Duìbùqǐ, jīntiān yǐjīng dìng mǎn le.

Unit 03 자리에 앉을 때까지

A: Wǒ méiyǒu yùdìng, yǒukōng zhuō ma?
B: Yǒu, qǐng gēn wǒ lái.

Unit 04 메뉴를 볼 때

A: Wǒ xiān kàn càidān, càidān zài nǎlǐ?
B: Càidān zài zhèlǐ, gěi nín.

Unit 05 주문할 때

A: Zhè dào cài yào zěnme zuò ne?
B: Wǒ xǐhuan kǎo de shú yìdiǎn.

Unit 06 식당에서의 트러블

A: Xiānshēng, nín yǒu shénmeshì?
B: Nǐ gǎocuòle, wǒmen méi diǎn zhège cài.

Unit 07 식사를 하면서

A: Néng zài bāng wǒ jiā yìxiē cháshuǐ ma?
B: Dāngrán kěyǐ, nín shāo děng.

Unit 08 음식맛의 표현

A: Wèidao zěnmeyàng?
B: Hěn hǎochī.

Unit 09 식당에서의 계산

A: Fúwùyuán, mǎidān. Yǒu dānjù ma?
B: Yǒu, gěi nǐ.

Unit 10 술을 마실 때

A: Nín yào shénme jiǔ a?
B: Jiù lái píjiǔ ba, háiyǒu shénme xiàjiǔcài?

PART 04

你汉语说得真好.

✸ 눈으로 읽고
✸ 귀로 듣고
✸ 손으로 쓰고
✸ 입으로 소리내어 말한다!

교통

 # Unit 01 길을 물을 때

>> 녹음을 듣고 소리내어 읽어볼까요?

듣기

실례합니다. 잠깐 여쭙겠습니다.

对不起，请问一下。

Duìbuqǐ, qǐngwèn yíxià

뚜에이부치, 칭원 이시아

천안문까지 어떻게 가죠?

到天安门怎么走?

Dào Tiān'ānmén zěnme zǒu

따오 티엔안먼 전머 저우

여기에서 멀어요?

离这儿远吗?

Lí zhèr yuǎn ma

리 쩔 위엔 마

지하철역은 어떻게 가죠?

地铁站怎么走?

Dìtiězhàn zěnme zǒu

띠티에짠 전머 저우

거긴 어떻게 가죠?

去那儿怎么走?

Qù nàr zěnme zǒu

취 날 전머 저우

저도 같은 방향으로 가는 길입니다.

我正好和你同路。

Wǒ zhènghǎo hé nǐ tónglù

워 쩡하오 흐어 니 통루

Conversation

A: 请问这是什么地方?
B: 这里是王府井大街。

이곳은 어디입니까?
이곳은 왕푸징 거리입니다.

>> 또박또박 쓰면서 말해볼까요?   >> 말하기

对不起，请问一下。

到天安门怎么走？

离这儿远吗？

地铁站怎么走？

去那儿怎么走？

我正好和你同路。

 **택시를 탈 때**

>> 녹음을 듣고 소리내어 읽어볼까요? 〈〈 듣기 〉〉

어디서 택시를 탈 수 있습니까?
在哪里能坐出租车？
Zài nǎli néng zuò chūzūchē
짜이 나리 넝 쭈어 추쭈처

트렁크 좀 열어 주세요.
请打开后备箱。
Qǐng dǎkāi hòubèixiāng
칭 다카이 허우뻬이시앙

어서 오십시오, 어디 가시죠?
欢迎欢迎，你去哪儿?
Huānyíng huānyíng, nǐ qù nǎr
후안잉 후안잉, 니 취 날

조금 더 천천히 가세요.
请再慢一点。
Qǐng zài màn yìdiǎn
칭 짜이 만 이디엔

저 앞에서 세워주세요.
到前面停车。
Dào qiánmiàn tíngchē
따오 치엔미엔 팅처

다 왔어요, 여기서 세워주세요.
到了，就在这儿停车吧。
Dào le, jiù zài zhèr tíngchē ba
따오 러, 찌어우 짜이 쩔 팅처 바

Conversation

A: 师傅，去北京饭店。
B: 好的, 你要走哪条路?

기사님, 베이징호텔로 가주세요.
네, 어떤 길로 갈까요?

또박또박 쓰면서 말해볼까요?   >> 말하기 <<

✏ 在哪里能坐出租车?

✏ 请打开后备箱。

✏ 欢迎欢迎，你去哪儿?

✏ 请再慢一点。

✏ 到前面停车。

✏ 到了，就在这儿停车吧。

Unit 03 버스를 탈 때

» 녹음을 듣고 소리내어 읽어볼까요?   **듣기**

버스정류장은 어디에 있어요?

请问，公共汽车站在哪儿？
Qǐngwèn, gōnggòngqìchēzhàn zài nǎr
칭원, 꽁꽁치처짠 짜이 날

천안문에 가려면 몇 번 버스를 타야 하죠?

去天安门要坐几路车？
Qù Tiān'ānmén yào zuò jǐlù chē
취 티엔안먼 야오 쭈어 지루 처

치엔먼까지 가나요?

这路车到前门吗？
Zhè lù chē dào Qiánmén ma
쩌 루 처 따오 치엔먼 마

천안문까지 몇 정거장이죠?

到天安门还要坐几站？
Dào Tiān'ānmén háiyào zuò jǐ zhàn
따오 티엔안먼 하이야오 쭈어 지 짠

도착하면 알려주시겠어요?

到了就告诉我，好吗？
Dào le jiù gàosu wǒ, hǎo ma
따오 러 지어우 까오쑤 워, 하오 마

저 내릴게요.

我要下车。
Wǒ yào xiàchē
워 야오 시아처

Conversation

A: 去前门要坐几路车？
B: 没有直达的，要倒车。

치엔먼까지 몇 번 버스가 가죠?
직접 가는 버스는 없고 환승해야 해요.

  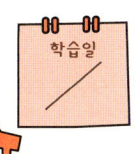

>> 또박또박 쓰면서 말해볼까요? >> 말하기

请问，公共汽车站在哪儿?

去天安门要坐几路车?

这路车到前门吗?

到天安门还要坐几站?

到了就告诉我，好吗?

我要下车。

 **Unit 04 지하철을 탈 때**

» 녹음을 듣고 소리내어 읽어볼까요?   듣기

지하철 노선도 좀 주세요.
请给我一张地铁路线图。
Qǐng gěi wǒ yìzhāng dìtiě lùxiàntú
칭 게이 워 이짱 띠티에 루시엔투

이 근처에 지하철역이 있어요?
这附近有地铁站吗?
Zhè fùjìn yǒu dìtiězhàn ma
쩌 푸찐 여우 띠티에짠 마

자동매표기는 어디에 있어요?
自动售票机在哪里?
Zìdòng shòupiàojī zài nǎli
즈동 셔우피아오찌 짜이 나리

어디서 갈아타죠?
在哪儿换乘?
Zài nǎr huànchéng
짜이 날 후안청

다음 역은 어디예요?
下一站是哪里?
Xià yízhàn shì nǎli
시아 이짠 스 나리

어느 역에서 내리죠?
在哪一站下车?
Zài nǎ yízhàn xiàchē
짜이 나 이짠 시아처

A: **从这里到西直门怎么走?**
B: **坐地铁吧，地铁最快。**

여기서 시즈먼까지 어떻게 가죠?
지하철을 타세요, 지하철이 제일 빨라요.

>> 또박또박 쓰면서 말해볼까요?   >> 말하기 <<

请给我一张地铁路线图。

这附近有地铁站吗?

自动售票机在哪里?

在哪儿换乘?

下一站是哪里?

在哪一站下车?

 # 열차를 탈 때

>> 녹음을 듣고 소리내어 읽어볼까요?

듣기

매표소는 어디에 있죠?
售票处在哪里？
Shòupiàochù zài nǎli
셔우피아오추 짜이 나리

요금은 얼마예요?
票价是多少钱？
Piàojià shì duōshǎo qián
피아오지아 스 뚜어샤오 치엔

왕복표는 한 장에 얼마죠?
往返票多少钱一张？
Wǎngfǎnpiào duōshao qián yìzhāng
왕판피아오 뚜어샤오 치엔 이짱

상하이까지 편도 주세요.
请给我到上海的单程票。
Qǐng gěi wǒ dào Shànghǎi de dānchéngpiào
칭 게이 워 따오 샹하이 더 딴청피아오

더 이른 열차는 없어요?
没有更早一点儿的吗？
Méiyǒu gèng zǎo yìdiǎnr de ma
메이여우 끄엉 자오 이디알 더 마

여긴 제 자리인데요.
这是我的座位。
Zhè shì wǒ de zuòwèi
쩌 스 워 더 쭈어웨이

Conversation

A: 去北京的列车有座位吗?
B: 有, 你要几张?

베이징까지 가는 열차표 있나요?
있습니다. 몇 장 필요합니까?

또박또박 쓰면서 말해볼까요? >> 말하기 <<

售票处在哪里？

票价是多少钱？

往返票多少钱一张？

请给我到上海的单程票。

没有更早一点儿的吗？

这是我的座位。

비행기를 탈 때

>> 녹음을 듣고 소리내어 읽어볼까요?

듣기

항공권을 구하고 싶은데요.
我想买一张飞机票。
Wǒ xiǎng mǎi yìzhāng fēijīpiào
워 시앙 마이 이짱 페이찌피아오

다른 편은 없습니까?
有没有别的班机?
Yǒuméiyǒu biéde bānjī
여우메이여우 비에더 빤찌

출발시간을 확인하고 싶은데요.
我想确认一下出发时间。
Wǒ xiǎng quèrèn yíxià chūfā shíjiān
워 시앙 취에런 이시아 추파 스지엔

탑승일자를 변경하고 싶은데요.
我要变更登机日期。
Wǒ yào biàngēng dēngjī rìqī
워 야오 삐엔끄엉 떵찌 르치

지금 탑승수속을 할 수 있나요?
现在可以办登机手续吗?
Xiànzài kěyǐ bàn dēngjī shǒuxù ma
시엔짜이 크어이 빤 떵찌 셔우쉬 마

여권을 보여주십시오.
请给我看一下您的护照。
Qǐng gěi wǒ kàn yíxià nín de hùzhào
칭 게이 워 칸 이시아 닌 더 후자오

Conversation

A: 您的行李超重了。
B: 要付多少钱?

수화물 중량이 초과됐습니다.
얼마를 내야 하죠?

또박또박 쓰면서 말해볼까요?

>> 말하기 <<

1. 我想买一张飞机票。

2. 有没有别的班机?

3. 我想确认一下出发时间。

4. 我要变更登机日期。

5. 现在可以办登机手续吗?

6. 请给我看一下您的护照。

렌터카

>> 녹음을 듣고 소리내어 읽어볼까요?

듣기

이 차는 하루에 얼마죠?

这辆车一天要多少钱?

Zhè liàng chē yītiān yào duōshǎo qián

쩌 리앙 처 이티엔 야오 뚜어샤오 치엔

선금을 내야 하나요?

要先付钱吗?

Yào xiān fùqián ma

야오 시엔 푸치엔 마

보증금은 얼마죠?

押金要多少?

Yājīn yào duōshǎo

야찐 야오 뚜어샤오

보험 요금이 포함되어 있나요?

包括保险费吗?

Bāokuò bǎoxiǎnfèi ma

빠오쿠어 바오시엔페이 마

도중에 차를 반환해도 되나요?

可以中途还车吗?

Kěyǐ zhōngtú huán chē ma

크어이 쫑투 후안 처 마

다른 지역에서 차를 반환해도 되나요?

可以在外地还车吗?

Kěyǐ zài wàidì huán chē ma

크어이 짜이 와이띠 후안 처 마

Conversation

A: 我想租借一辆汽车。
B: 您要什么型的车?

차 한 대 렌트하고 싶은데요.
어떤 차종을 원하십니까?

또박또박 쓰면서 말해볼까요? >> 말하기 <<

✏ 这辆车一天要多少钱?

✏ 要先付钱吗?

✏ 押金要多少?

✏ 包括保险费吗?

✏ 可以中途还车吗?

✏ 可以在外地还车吗?

자동차를 운전할 때

>> 녹음을 듣고 소리내어 읽어볼까요? 듣기

차를 운전할 줄 아세요?
你会开车吗?
Nǐ huì kāichē ma
니 후에이 카이처 마

근처에 주유소 있어요?
这附近有没有加油站?
Zhè fùjìn yǒuméiyǒu jiāyóuzhàn
쩌 푸진 여우메이여우 지아여우짠

보통 휘발유로 가득 채워 주세요.
要一般汽油，请装满。
Yào yìbān qìyóu, qǐng zhuāng mǎn
야오 이빤 치여우, 칭 주앙 만

펑크가 났어요.
有个轮胎爆胎了。
Yǒu gè lúntāi bàotāile
여우 꺼 룬타이 빠오타이러

이 부근에 주차장이 있나요?
这附近有停车场没有?
Zhè fùjìn yǒu tíngchēchǎng méiyǒu
쩌 푸찐 여우 팅처창 메이여우

이곳에 주차해도 될까요?
这儿可以停车吗?
Zhèr kěyǐ tíngchē ma
쩔 크어이 팅처 마

Conversation

A: 你会开车吗?
B: 我拿到了驾驶执照。

운전할 줄 알아요?
운전면허증 땄어요.

또박또박 쓰면서 말해볼까요? >> 말하기 <<

你会开车吗?

这附近有没有加油站?

要一般汽油，请装满。

有个轮胎爆胎了。

这附近有停车场没有?

这儿可以停车吗?

길을 잃었을 때

>> 녹음을 듣고 소리내어 읽어볼까요?

 듣기

제가 길을 잘못 들었나요?
是我走错了吗？
Shì wǒ zǒu cuòle ma
스 워 저우 추어러 마

길을 잃었어요.
我迷路了。
Wǒ mílùle
워 미루러

어디에 가시죠?
去哪里？
Qù nǎli
취 나리

길을 잘못 드셨네요.
你走错路了。
Nǐ zǒucuòlùle
니 저우추어루러

이 길이 아닌가요?
不是这条路吗？
Búshì zhè tiáo lù ma
부스 쩌 티아오 루 마

차를 잘못 타셨어요.
你搭错车了。
Nǐ dā cuòchēle
니 따 추어처러

Conversation

A: 我要去颐和园，可是我迷路了。
B: 不好意思，我也不是本地人。

이화원에 가려고 하는데 길을 잃었어요.
미안합니다, 저도 여기 사람이 아니에요.

또박또박 쓰면서 말해볼까요? >> 말하기 <<

✏ 是我走错了吗?

✏ 我迷路了。

✏ 去哪里?

✏ 你走错路了。

✏ 不是这条路吗?

✏ 你搭错车了。

Unit 10 교통사고가 났을 때

>> 녹음을 듣고 소리내어 읽어볼까요? 듣기

교통사고가 났어요.
出事故了。
Chū shìgù le
추 스꾸 러

어서 신고하세요.
快打电话报警。
Kuài dǎdiànhuà bàojǐng
쿠아이 다띠엔후아 빠오징

구급차를 불러 주세요.
快叫救护车。
Kuài jiào jiùhùchē
쿠아이 지아오 지어우후처

저를 병원으로 데려가 주시겠어요?
请送我到医院可以吗?
Qǐng sòng wǒ dào yīyuàn kěyǐ ma
칭 쏭 워 따오 이위엔 크어이 마

당시 상황을 알려주세요.
请告诉我当时的情况。
Qǐng gàosu wǒ dāngshí de qíngkuàng
칭 까오쑤 워 땅스 더 칭쿠앙

상황이 잘 기억나지 않아요.
记不清是什么情况了。
Jìbùqīng shì shénme qíngkuàng le
지뿌칭 스 션머 칭쿠앙 러

A: 你没事吧?
B: 我没事, 可是一动也动不了了。

괜찮으세요?
전 괜찮은데 움직일 수가 없어요.

  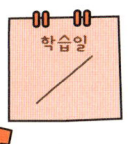

또박또박 쓰면서 말해볼까요?

- 出事故了。

- 快打电话报警。

- 快叫救护车。

- 请送我到医院可以吗?

- 请告诉我当时的情况。

- 记不清是什么情况了。

• 우리 말을 중국어로 말해 보세요.

Unit 01 길을 물을 때

A: Qǐngwèn zhè shì shénmedìfang?
B: Zhèli shì Wángfǔjǐngdàjiē.

Unit 02 택시를 탈 때

A: Shīfu, qù Běijīngfàndiàn.
B: Hǎo de, nǐ yào zǒu nǎ tiáo lù?

Unit 03 버스를 탈 때

A: Qù Qiánmén yào zuòjǐlùchē?
B: Méiyǒu zhídá de, yào dǎochē.

Unit 04 지하철을 탈 때

A: Cóng zhèli dào Xīzhímén zěnme zǒu?
B: Zuò dìtiě ba, dìtiě zuì kuài.

Unit 05 열차를 탈 때

A: Qù Běijīng de lièchē yǒu zuòwèi ma?
B: Yǒu, nǐ yào jǐzhāng?

Unit 06 비행기를 탈 때

A: Nín de xíngli chāozhòngle.
B: Yào fù duōshao qián?

Unit 07 렌터카

A: Wǒ xiǎng zūjiè yíliàng qìchē.
B: Nín yào shénme xíng de chē?

Unit 08 자동차를 운전할 때

A: Nǐ huì kāichē ma?
B: Wǒ nádàole jiàshǐzhízhào.

Unit 09 길을 잃었을 때

A: Wǒ yào qù Yíhéyuán, kěshì wǒ mílùle.
B: Bùhǎoyìsi, wǒ yě búshì běndìrén.

Unit 10 교통사고가 났을 때

A: Nǐ méishì ba?
B: Wǒ méishì, kěshì yídòng yě dòng bu liǎole.

PART 05

你汉语说得真好.

✿ 눈으로 읽고
✿ 귀로 듣고
✿ 손으로 쓰고
✿ 입으로 소리내어 말한다!

관광

# Unit 01 관광안내소에서

>> 녹음을 듣고 소리내어 읽어볼까요?

듣기

안내소는 어디에 있어요?
问讯处在哪里？
Wènxùnchù zài nǎli
원쉰추 짜이 나리

관광지도 좀 주세요.
请给我一张观光地图。
Qǐng gěi wǒ yìzhāng guānguāngdìtú
칭 게이 워 이짱 꾸안꾸앙띠투

여기에는 어떤 명승지가 있어요?
这里都有什么名胜？
Zhèli dōu yǒu shénme míngshèng
쩌리 떠우 여우 션머 밍셩

당일치기로 어디가 좋을까요?
一日游去哪里好呢？
Yírì yóu qù nǎli hǎo ne
이르 여우 취 나리 하오 너

할인 티켓은 없나요?
有没有打折票？
Yǒuméiyǒu dǎzhé piào
여우메이여우 다저 피아오

여기서 걸어서 갈 수 있어요?
从这里可以走着去吗？
Cóng zhèli kěyǐ zǒuzhe qù ma
총 쩌리 크어이 저우저 취 마

Conversation

A: 请问, 这附近有没有好玩儿的地方？
B: 这儿离天坛公园很近, 可以走着去。

저기요, 근처에 좋은 곳이 있나요?
티엔탄 공원이 가까워요. 걸어서 갈 수 있어요.

>> 또박또박 쓰면서 말해볼까요?　　>> 말하기 <<

问讯处在哪里？

请给我一张观光地图。

这里都有什么名胜？

一日游去哪里好呢？

有没有打折票？

从这里可以走着去吗？

관광버스·투어를 이용할 때

>> 녹음을 듣고 소리내어 읽어볼까요?

투어는 어떤 게 있나요?
都有哪种旅游路线？
Dōu yǒu nǎ zhǒng lǚyóu lùxiàn
떠우 여우 나 종 뤼여우 루시엔

투어 팜플렛 좀 주세요.
请给我一份介绍手册。
Qǐng gěi wǒ yífèn jièshào shǒucè
칭 게이 워 이펀 지에샤오 셔우처

투어는 몇 시간 걸리나요?
这个旅游时间需要多长？
Zhège lǚyóu shíjiān xūyào duō cháng
쩌거 뤼여우 스찌엔 쉬야오 뚜어 창

어디서 출발하나요?
从哪儿出发？
Cóng nǎr chūfā
총 날 추파

야간투어는 있어요?
有晚上的旅游吗？
Yǒu wǎnshang de lǚyóu ma
여우 완샹 더 뤼여우 마

한국어 가이드는 있나요?
有韩国语导游吗？
Yǒu Hánguóyǔ dǎoyóu ma
여우 한구어위 다오여우 마

A: 我想游览一下北京市。
B: 您要游览一天，还是？

베이징 시내 관광을 하고 싶은데요.
당일 코스를 원하십니까, 아니면?

>> 또박또박 쓰면서 말해볼까요? >> 말하기 <<

都有哪种旅游路线？

请给我一份介绍手册。

这个旅游时间需要多长？

从哪儿出发？

有晚上的旅游吗？

有韩国语导游吗？

 ## 관광지에서

>> 녹음을 듣고 소리내어 읽어볼까요?

듣기

저기요, 입장권은 얼마죠?
请问，门票多少钱？
Qǐngwèn, ménpiào duōshao qián
칭원, 먼피아오 뚜어샤오 치엔

어디서 케이블카를 탈 수 있나요?
在哪里可以坐缆车？
Zài nǎlǐ kěyǐ zuò lǎnchē
짜이 나리 크어이 쭈어 란처

전망대는 어떻게 올라가죠?
展望台怎么上去？
Zhǎnwàngtái zěnme shàngqù
잔왕타이 전머 샹취

몇 시에 돌아와요?
几点回来？
Jǐ diǎn huílái
지 디엔 후에이라이

시간은 얼마나 있어요?
有多长时间？
Yǒu duōcháng shíjiān
여우 뚜어창 스지엔

여행 가이드가 필요해요.
我需要导游。
Wǒ xūyào dǎoyóu
워 쉬야오 다오여우

Conversation

A: 请问，门票多少钱？
B: 大人70块，学生半价。

말씀 좀 여쭐게요, 입장권이 얼마죠?
어른은 70위안, 학생은 반값입니다.

>> 또박또박 쓰면서 말해볼까요? >> 말하기 <<

- 请问，门票多少钱？

- 在哪里可以坐缆车？

- 展望台怎么上去？

- 几点回来？

- 有多长时间？

- 我需要导游。

 # Unit 04 관람할 때

>> 녹음을 듣고 소리내어 읽어볼까요? 듣기

여기서 티켓을 예약할 수 있나요?
在这里能预订票吗?
Zài zhèli néng yùdìng piào ma
짜이 쩌리 넝 위딩 피아오 마

몇 시에 시작되죠?
几点开始?
Jǐdiǎn kāishǐ
지디엔 카이스

몇 명이면 단체표를 살 수 있죠?
多少人可以买团体票?
Duōshao rén kěyǐ mǎi tuántǐpiào
뚜어샤오 런 크어이 마이 투안티피아오

이 티켓으로 모든 전시를 볼 수 있나요?
用这张票可以看所有展览吗?
Yòng zhè zhāng piào kěyǐ kàn suǒyǒu zhǎnlǎn ma
용 쩌 짱 피아오 크어이 칸 쑤어여우 잔란 마

무료 팸플릿은 있나요?
有免费的小册子吗?
Yǒu miǎnfèi de xiǎocèzi ma
여우 미엔페이 더 시아오처즈 마

지금 들어가도 되나요?
现在也可以进去吗?
Xiànzài yě kěyǐ jìnqù ma
시엔짜이 이에 크어이 진취 마

Conversation

A: 这张票可以退票吗?
B: 表演已经开始了, 不能退。

이 표를 환불할 수 있나요?
공연이 벌써 시작되어 환불이 불가능합니다.

>> 또박또박 쓰면서 말해볼까요? >> 말하기 <<

- 在这里能预订票吗?

- 几点开始?

- 多少人可以买团体票?

- 用这张票可以看所有展览吗?

- 有免费的小册子吗?

- 现在也可以进去吗?

Unit 05 사진촬영을 부탁할 때

>> 녹음을 듣고 소리내어 읽어볼까요?   듣기

여기서 사진을 찍어도 될까요?
这儿可以拍照吗?
Zhèr kěyǐ pāizhào ma
쩔 크어이 파이짜오 마

우리 같이 찍어요.
我们照一张合影吧。
Wǒmen zhào yìzhāng héyǐng ba
워먼 짜오 이짱 흐어잉 바

여기서 우리들 좀 찍어 주세요.
请在这里给我们照相。
Qǐng zài zhèli gěi wǒmen zhàoxiàng
칭 짜이 쩌리 게이 워먼 짜오시앙

사진 한 장 찍어주실래요?
请帮我们照一张,好吗?
Qǐng bāng wǒmen zhào yìzhāng, hǎo ma
칭 빵 워먼 짜오 이짱, 하오 마

찍을게요. 웃으세요.
要照了,笑一笑。
Yào zhàole, xiào yíxiào
야오 짜오러, 시아오 이시아오

다시 한번 부탁할게요.
请再照一张。
Qǐng zài zhào yìzhāng
칭 짜이 짜오 이짱

Conversation

A: 请在这里给我们照一张相。
B: 好,我数一二三,大家跟我说茄子。

여기서 사진 좀 찍어주세요.
네, 하나, 둘, 셋, 모두 김치.

>> 또박또박 쓰면서 말해볼까요? >> 말하기 <<

- 这儿可以拍照吗?

- 我们照一张合影吧。

- 请在这里给我们照相。

- 请帮我们照一张，好吗?

- 要照了，笑一笑。

- 请再照一张。

 **Unit 06 노래방·클럽·바에서**

》 녹음을 듣고 소리내어 읽어볼까요?   듣기

이 근방에 노래방 있나요?
这附近有没有歌舞厅?
Zhè fùjìn yǒuméiyǒu gēwǔtīng
쩌 푸찐 여우메이여우 끄어우팅

한국 노래를 할 줄 아세요?
你会唱韩国歌吗?
Nǐ huì chàng Hánguó gē ma
니 후에이 창 한구어 끄어 마

이 근방에 나이트 있나요?
这附近有夜总会吗?
Zhè fùjìn yǒu yèzǒnghuì ma
쩌 푸찐 여우 이에종후에이 마

예약을 해야 하나요?
要不要预订?
Yàobúyào yùdìng
야오부야오 위딩

입장료는 얼마죠?
门票一张多少钱?
Ménpiào yìzhāng duōshǎo qián
먼피아오 이짱 뚜어샤오 치엔

함께 춤을 추시겠습니까?
可以跟您跳个舞吗?
Kěyǐ gēn nín tiào gè wǔ ma
크어이 끄언 닌 티아오 끄어 우 마

A: 你先唱一首吧。
B: 我唱得不好听。

노래 한 곡 해봐요!
안 돼요. 난 노래 못해요.

 >> 또박또박 쓰면서 말해볼까요?  >> 말하기 <<

✏ 这附近有没有歌舞厅?

✏ 你会唱韩国歌吗?

✏ 这附近有夜总会吗?

✏ 要不要预订?

✏ 门票一张多少钱?

✏ 可以跟您跳个舞吗?

Unit 07 도움을 청할 때

>> 녹음을 듣고 소리내어 읽어볼까요?

듣기

도와주세요!
请帮帮忙!
Qǐng bāngbangmáng
칭 빵방망

빨리 구급차를 불러 주세요!
快叫救护车!
Kuài jiào jiùhùchē
쿠아이 지아오 지어우후처

빨리 의사를 불러 주세요.
快叫医生。
Kuài jiào yīshēng
쿠아이 지아오 이성

빨리 경찰을 불러요!
快叫警察!
Kuài jiào jǐngchá
쿠아이 지아오 징차

응급실은 어디죠?
急诊处在哪儿?
Jízhěnchù zài nǎr
지전추 짜이 날

움직일 수 없어요. 도와주세요.
我动不了了,请帮帮我。
Wǒ dòng bù liǎole, qǐng bāngbang wǒ
워 동 부 리아오러, 칭 빵방 워

Conversation

A: 请帮我报警。
B: 你怎么样?

경찰에 신고해주세요.
당신은 어떻습니까?

  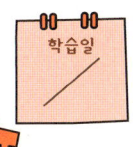

또박또박 쓰면서 말해볼까요? >> 말하기 <<

- 请帮帮忙!

- 快叫救护车!

- 快叫医生。

- 快叫警察!

- 急诊处在哪儿?

- 我动不了了，请帮帮我。

Unit 08 위급한 상황일 때

>> 녹음을 듣고 소리내어 읽어볼까요? 　　　　듣기

위험해요!
危险!
Wēixiǎn
웨이시엔

조심해요, 차가 오잖아요.
当心! 汽车来了。
Dāngxīn! Qìchē láile
땅신! 치처 라이러

조심해서 건너세요.
小心过马路!
Xiǎoxīn guòmǎlù
시아오신 꾸어마루

사람 살려요!
救人啊!
Jiùrén a
지어우런 아

누구 없어요!
来人啊!
Láirén a
라이런 아

비켜요!
让一让!
Ràngyīràng
랑이랑

A: 小心! 汽车来了。
B: 我看是绿灯, 车怎么横冲过来呢?

조심해요! 자동차가 오잖아요.
초록색 불인데 어째서 차가 지나가는 거죠?

또박또박 쓰면서 말해볼까요? >> 말하기 <<

✎ 危险!

✎ 当心! 汽车来了。

✎ 小心过马路!

✎ 救人啊!

✎ 来人啊!

✎ 让一让!

 **Unit 09 난처할 때**

>> 녹음을 듣고 소리내어 읽어볼까요?   <<< 듣기 >>>

좀 도와주세요.
请你帮帮忙吧。
Qǐng nǐ bāngbangmáng ba
칭 니 빵방망 바

문제가 생겼어요.
有问题了。
Yǒu wèntí le
여우 원티 러

큰일 났어요.
不好了。
Bùhǎo le
뿌하오 러

아이가 안 보여요, 어쩌죠?
孩子不见了，怎么办?
Háizi bújiànle, zěnmebàn
하이즈 부지엔러, 전머빤

여권을 잃어버렸어요.
我丢了护照。
Wǒ diūle hùzhào
워 띠어우러 후짜오

무슨 좋은 방법은 없을까요?
没有什么好办法吗?
Méiyǒu shénme hǎo bànfǎ ma
메이여우 션머 하오 빤파 마

 **Conversation**

A: 我丢了护照，怎么办好呢?
B: 先给领事馆打电话吧。

여권을 잃어버렸는데 어쩌면 좋죠?
먼저 영사관에 전화하세요.

>> 또박또박 쓰면서 말해볼까요?   >> 말하기 <<

请你帮帮忙吧。

有问题了。

不好了。

孩子不见了，怎么办？

我丢了护照。

没有什么好办法吗？

말이 통하지 않을 때

>> 녹음을 듣고 소리내어 읽어볼까요?   듣기

중국어 할 줄 아세요?
你会说汉语吗?
Nǐ huì shuō Hànyǔ ma
니 후에이 쑤어 한위 마

중국어를 할 줄 몰라요.
我不会说汉语。
Wǒ búhuì shuō Hànyǔ
워 부후에이 쑤어 한위

천천히 말씀해 주시면 알겠습니다.
你慢点儿说，我会明白的。
Nǐ màn diǎnr shuō, wǒ huì míngbái de
니 만 디알 쑤어, 워 후에이 밍빠이 더

그건 무슨 뜻이죠?
那是什么意思?
Nà shì shénme yìsi
나 스 션머 이쓰

좀 써 주세요.
请写一下。
Qǐng xiě yíxià
칭 시에 이시아

한국어로 된 건 없나요?
有没有用韩语写的?
Yǒuméiyǒu yòng Hányǔ xiě de
여우메이여우 용 한위 시에 더

Conversation

A: 对不起，我不懂汉语。
B: 你是哪儿来的?

죄송합니다, 전 중국어를 모릅니다.
어디서 오셨어요?

>> 또박또박 쓰면서 말해볼까요?   >> 말하기

你会说汉语吗?

我不会说汉语。

你慢点儿说，我会明白的。

那是什么意思?

请写一下。

有没有用韩语写的?

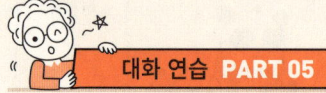 대화 연습 PART 05

● 앞에서 배운 대화 내용의 병음입니다. 녹음을 듣고 또박또박 읽어 보세요.

Unit 01 관광안내소에서

A: Qǐngwèn, zhè fùjìn yǒuméiyǒu hǎowánr de dìfang?
B: Zhèr lí Tiāntán gōngyuán hěn jìn, kěyǐ zǒuzhe qù.

Unit 02 관광버스·투어를 이용할 때

A: Wǒ xiǎng yóulǎn yíxià Běijīngshì.
B: Nín yào yóulǎn yìtiān, háishì?

Unit 03 관광지에서

A: Qǐngwèn, ménpiào duōshao qián?
B: Dàrén qīshí kuài, xuésheng bànjià.

Unit 04 관람할 때

A: Zhè zhāng piào kěyǐ tuìpiào ma?
B: Biǎoyǎn yǐjīng kāishǐle, bùnéng tuì.

Unit 05 사진촬영을 부탁할 때

A: Qǐng zài zhèli gěi wǒmen zhàoyìzhāngxiàng.
B: Hǎo wǒ shǔ yīèrsān, dàjiā gēn wǒ shuō qiézi.

Unit 06 노래방·클럽·바에서

A: Nǐ xiān chàng yìshǒu ba.
B: Wǒ chàng de bù hǎotīng.

Unit 07 도움을 청할 때

A: Qǐng bāng wǒ bàojǐng.
B: Nǐ zěnmeyàng?

Unit 08 위급한 상황일 때

A: Xiǎoxīn! qìchē láile.
B: Wǒ kàn shì lǜdēng, chē zěnme héng chōng guòlái ne?

Unit 09 난처할 때

A: Wǒ diūle hùzhào, zěnmebàn hǎo ne?
B: Xiān gěi lǐngshìguǎn dǎ diànhuà ba.

Unit 10 말이 통하지 않을 때

A: Duìbuqǐ, wǒ bùdǒng Hànyǔ.
B: Nǐ shì nǎr lái de?

06

PART

你汉语说得真好.

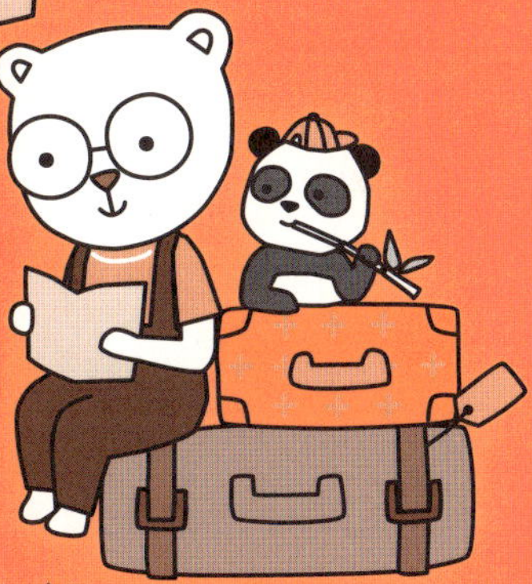

- ✡ 눈으로 읽고
- ✡ 귀로 듣고
- ✡ 손으로 쓰고
- ✡ 입으로 소리내어 말한다!

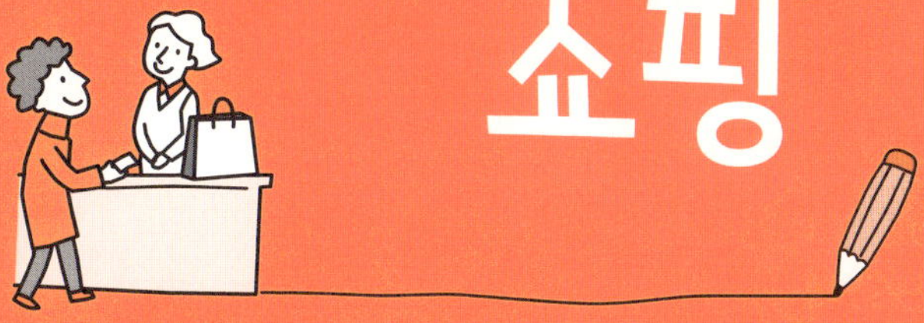

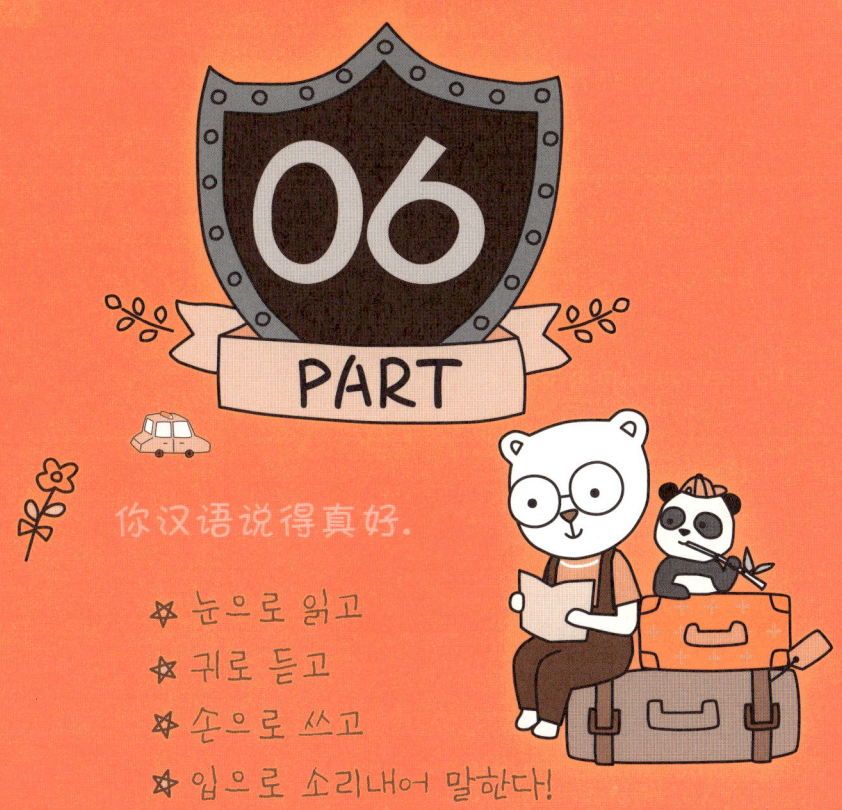

쇼핑

가게를 찾을 때

》 녹음을 듣고 소리내어 읽어볼까요? 　듣기

이 도시의 쇼핑가는 어디에 있죠?
这个城市的购物街在哪里?
Zhège chéngshì de gòuwù jiē zài nǎli
쩌거 청스 더 꺼우우 지에 짜이 나리

선물은 어디서 살 수 있죠?
在哪儿可以买到礼物?
Zài nǎr kěyǐ mǎidào lǐwù
짜이 날 크어이 마이따오 리우

면세점은 있나요?
有免税店吗?
Yǒu miǎnshuìdiàn ma
여우 미엔수에이띠엔 마

이 주변에 백화점은 있나요?
这附近有百货商店吗?
Zhè fùjìn yǒu bǎihuòshāngdiàn ma
쩌 푸진 여우 바이후어상띠엔 마

편의점을 찾고 있는데요.
我在找便利店。
Wǒ zài zhǎo biànlìdiàn
워 짜이 자오 삐엔리디엔

이 주변에 할인점은 있나요?
这附近有没有超市?
Zhè fùjìn yǒuméiyǒu chāoshì
쩌 푸진 여우메이여우 차오스

A: 这个城市的购物街在哪里?
B: 很多呀。不过南京东路最热闹。

이 도시의 쇼핑가는 어디에 있습니까?
많아요. 그런데 난징똥루가 가장 번화하죠.

>> 또박또박 쓰면서 말해볼까요?   >> 말하기

✏ 这个城市的购物街在哪里?

✏ 在哪儿可以买到礼物?

✏ 有免税店吗?

✏ 这附近有百货商店吗?

✏ 我在找便利店。

✏ 这附近有没有超市?

쇼핑센터에서

>> 녹음을 듣고 소리내어 읽어볼까요?　

엘리베이터는 어디서 타죠?

在哪儿坐电梯?

Zài nǎr zuò diàntī

짜이 날 쭈어 띠엔티

안내소는 어디에 있죠?

咨询处在哪儿?

Zīxúnchù zài nǎr

쯔쉰추 짜이 날

문방구 매장을 찾는데요.

我找文具柜台。

Wǒ zhǎo wénjùguìtái

워 자오 원쮜꾸에이타이

전기용품은 몇 층에서 팔죠?

电器产品在几楼卖?

Diànqìchǎnpǐn zài jǐ lóu mài

띠엔치찬핀 짜이 지 러우 마이

상품권을 사용할 수 있나요?

可以用信用卡吗?

Kěyǐ yòng xìnyòngkǎ ma

크어이 용 신용카 마

세일은 언제 시작했죠?

打折什么时候开始的?

Dǎzhé shénmeshíhou kāishǐ de

다저 션머스허우 카이스 더

Conversation

A: 请问, 这附近有百货商店吗?
B: 邮局对面就有一家百货商店。

실례지만, 이 근처에 백화점이 있습니까?
우체국 맞은편에 백화점이 하나 있습니다.

또박또박 쓰면서 말해볼까요? >> 말하기 <<

✎ 在哪儿坐电梯?

✎ 咨询处在哪儿?

✎ 我找文具柜台。

✎ 电器产品在几楼卖?

✎ 可以用信用卡吗?

✎ 打折什么时候开始的?

 # 물건을 찾을 때

>> 녹음을 듣고 소리내어 읽어볼까요?

무엇을 찾으십니까?
您想买点什么?
Nín xiǎng mǎi diǎn shénme
닌 시앙 마이 디엔 션머

구경 좀 하고 있어요.
不买什么，只是看看。
Bù mǎi shénme, zhǐshì kànkan
뿌 마이 션머, 즈스 칸칸

여기 잠깐 봐 주시겠어요?
请过来一下。
Qǐng guòlái yíxià
칭 꾸어라이 이시아

이것 좀 보여주세요.
请给我看看这个。
Qǐng gěi wǒ kànkan zhège
칭 게이 워 칸칸 쩌거

차를 사고 싶은데요.
我想买点儿茶叶。
Wǒ xiǎng mǎi diǎnr cháyè
워 시앙 마이 디알 차이에

이것과 같은 건 있어요?
有和这个一样的吗?
Yǒu hé zhège yíyàng de ma
여우 흐어 쩌거 이양 더 마

A: 买什么礼物合适呢?
B: 茶或酒类怎么样?

어떤 선물을 사면 적당할까요?
차나 술은 어떠세요?

또박또박 쓰면서 말해볼까요? >> 말하기

- 您想买点什么?

- 不买什么，只是看看。

- 请过来一下。

- 请给我看看这个。

- 我想买点儿茶叶。

- 有和这个一样的吗?

 **Unit 04 물건을 고를 때**

>> 녹음을 듣고 소리내어 읽어볼까요?   듣기

다른 스타일은 있습니까?
有没有别的款式？
Yǒuméiyǒu biéde kuǎnshì
여우메이여우 비에더 쿠안스

이것보다 작은 것 있나요?
有没有比这个小的？
Yǒuméiyǒu bǐ zhège xiǎo de
여우메이여우 비 쩌거 시아오 더

만져 봐도 됩니까?
摸摸看可以吗？
Mōmō kàn kěyǐ ma
모어모어 칸 크어이 마

좀 싼 것은 없습니까?
有便宜一点儿的吗？
Yǒu piányi yìdiǎnr de ma
여우 피엔이 이디알 더 마

이것은 진짜 맞습니까?
这是不是真的？
Zhè shìbúshì zhēn de
쩌 스부스 쩐 더

이것으로 하겠습니다.
我要这个。
Wǒ yào zhège
워 야오 쩌거

Conversation

A: 你决定买哪个了吗？
B: 还没决定。

어떤 걸로 살지 결정했어요?
아직 결정 못했어요.

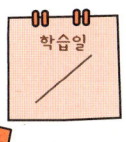

또박또박 쓰면서 말해볼까요?   >> 말하기 <<

✏ 有没有别的款式?

✏ 有没有比这个小的?

✏ 摸摸看可以吗?

✏ 有便宜一点儿的吗?

✏ 这是不是真的?

✏ 我要这个。

 **Unit 05 물건값을 흥정할 때**

>> 녹음을 듣고 소리내어 읽어볼까요? 「듣기」

좀 싸게 주실 수 없나요?
价钱能不能便宜点?
Jiàqián néngbùnéng piányi diǎn
지아치엔 넝뿌넝 피엔이 디엔

조금만 더 싸면 제가 살게요.
再便宜点儿我就买了。
Zài piányi diǎnr wǒ jiù mǎile
짜이 피엔이 디알 워 지어우 마이러

조금만 더 싸게 해주세요.
再让一点儿价钱吧。
Zài ràng yìdiǎnr jiàqián ba
짜이 랑 이디알 지아치엔 바

가격이 좀 비싼 것 같은데요.
我觉得价格有点高。
Wǒ juéde jiàgé yǒudiǎn gāo
워 쥐에더 지아거 여우디엔 까오

너무 비싸요, 더 깎아주세요.
太贵了,再便宜点儿吧。
Tài guì le, zài piányi diǎnr ba
타이 꾸에이 러, 짜이 피엔이 디알 바

여기는 정찰제입니다.
这里不讲价。
Zhèli bù jiǎngjià
쩌리 뿌 지앙지아

 **Conversation**

A: 太贵了, 便宜一点儿吧。
B: 真是对不起, 不能降价的。

너무 비싸요, 조금 깎아주세요.
정말 죄송한데, 가격을 낮출 수 없습니다.

>> 또박또박 쓰면서 말해볼까요? >> 말하기 <<

价钱能不能便宜点?

再便宜点儿我就买了。

再让一点儿价钱吧。

我觉得价格有点高。

太贵了, 再便宜点儿吧。

这里不讲价。

물건값을 계산할 때

>> 녹음을 듣고 소리내어 읽어볼까요?

어디서 계산하죠?
在哪儿付钱?
Zài nǎr fùqián
짜이 날 푸치엔

여기서 계산합니까?
在这儿付钱吗?
Zài zhèr fùqián ma
짜이 쩔 푸치엔 마

얼마예요?
多少钱?
Duōshǎo qián
뚜어샤오 치엔

모두 얼마예요?
一共多少钱?
Yīgòng duōshǎo qián
이꽁 뚜어샤오 치엔

신용카드로 계산해도 되나요?
可以用信用卡付钱吗?
Kěyǐ yòng xìnyòngkǎ fùqián ma
크어이 용 신용카 푸치엔 마

영수증을 주세요.
请开一张发票。
Qǐng kāi yìzhāng fāpiào
칭 카이 이장 파피아오

Conversation

A: 我觉得好像是算多了。
B: 是吗？请稍等一会儿。我确认一下。

계산이 많이 나온 것 같아요.
그래요? 잠시만요. 확인해볼게요.

  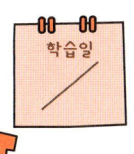

>> 또박또박 쓰면서 말해볼까요?   >> 말하기 <<

- 在哪儿付钱?

- 在这儿付钱吗?

- 多少钱?

- 一共多少钱?

- 可以用信用卡付钱吗?

- 请开一张发票。

Unit 07 포장이나 배달을 원할 때

>> 녹음을 듣고 소리내어 읽어볼까요?

함께 포장해 주세요.
一起包吧。
Yīqǐ bāo ba
이치 빠오 바

선물용으로 포장해 주시겠어요?
请按礼品包装，好吗？
Qǐng àn lǐpǐn bāozhuāng, hǎo ma
칭 안 리핀 빠오주앙, 하오 마

봉지에 넣어 주실래요?
请给装在袋子里，好吗？
Qǐng gěi zhuāngzài dàizi lǐ, hǎo ma
칭 게이 주앙짜이 따이즈 리, 하오 마

호텔까지 배달해 주실 수 있나요?
能送到饭店去吗？
Néng sòngdào fàndiàn qù ma
넝 쏭따오 판띠엔 취 마

이걸 한국으로 보내 주시겠어요?
请把这个寄到韩国，好吗？
Qǐng bǎ zhège jìdào Hánguó, hǎo ma
칭 바 쩌거 지따오 한구어, 하오 마

이것을 보관해 주시겠어요?
请保管一下这个，好吗？
Qǐng bǎoguǎn yíxià zhège, hǎo ma
칭 바오구안 이시아 쩌거, 하오 마

Conversation

A: 我买这件礼物，能免费包装吗？
B: 买包装纸，免费包装。

이 선물 사면 무료로 포장해주나요?
포장지를 사시면 무료로 포장해드립니다.

>> 또박또박 쓰면서 말해볼까요? >> 말하기

- 一起包吧。

- 请按礼品包装，好吗？

- 请给装在袋子里，好吗？

- 能送到饭店去吗？

- 请把这个寄到韩国，好吗？

- 请保管一下这个，好吗？

 # Unit 08 교환이나 환불을 원할 때

>> 녹음을 듣고 소리내어 읽어볼까요?

듣기

이것을 교환하고 싶은데요.

我想换一下这个。
Wǒ xiǎng huàn yíxià zhège
워 시앙 후안 이시아 쩌거

다른 걸로 바꿔주실 수 있어요?

能给我换另一件吗?
Néng gěi wǒ huàn lìngyī jiàn ma
넝 게이 워 후안 링이 지엔 마

품질이 안 좋은데 바꿔주세요.

质量低劣，请给我更换。
Zhìliáng dīliè, qǐng gěi wǒ gēnghuàn
쯔리앙 띠리에, 칭 게이 워 끄엉후안

이것을 반품할 수 있나요?

这个可以退吗?
Zhège kěyǐ tuì ma
쩌거 크어이 투에이 마

이것을 환불할 수 있나요?

这个能退钱吗?
Zhège néng tuì qián ma
쩌거 넝 투에이 치엔 마

영수증 여기 있어요.

这儿有收据。
zhèr yǒu shōujù
쩔 여우 셔우쥐

A: 这件衣服有毛病，请给我换一件
B: 真对不起，我马上给您换一件。

이 옷에는 흠집이 있는데, 다른 것으로 바꿔주세요.
정말 미안합니다. 바로 바꿔드리겠습니다.

>> 또박또박 쓰면서 말해볼까요? >> 말하기 <<

- 我想换一下这个。

- 能给我换另一件吗?

- 质量低劣，请给我更换。

- 这个可以退吗?

- 这个能退钱吗?

- 这儿有收据。

Unit 09 물건을 분실했을 때

>> 녹음을 듣고 소리내어 읽어볼까요?   듣기

열차 안에 지갑을 두고 내렸어요.
钱包丢在火车上了。
Qiánbāo diūzài huǒchē shàng le
칭빠오 띠어우짜이 후어처 샹 러

신용카드를 잃어버렸어요.
我丢了信用卡。
Wǒ diūle xìnyòngkǎ
워 띠어우러 신용카

여기서 카메라 못 보셨어요?
在这儿没看到照相机吗?
Zài zhèr méi kàndào zhàoxiàngjī ma
짜이 쩔 메이 칸따오 짜오시앙지 마

분실물 센터는 어디에 있어요?
领取丢失物品的地方在哪里?
Lǐngqǔ diūshīwùpǐn de dìfang zài nǎli
링취 띠어우스우핀 더 디팡 짜이 나리

여권을 잃어버렸는데 좀 찾아주시겠어요?
我把护照丢了，能帮我找找吗?
Wǒ bǎ hùzhào diūle, néng bāng wǒ zhǎozhao ma
워 바 후짜오 띠어우러, 넝 빵 워 자오자오 마

어디서 잃어버렸는지 모르겠어요.
我不知道是在哪儿丢的。
Wǒ bùzhīdao shì zài nǎr diū de
워 뿌즈다오 스 짜이 날 띠어우 더

Conversation

A: 您有什么事吗?
B: 我的护照丢了。现在怎么办?

무슨 일로 오셨습니까?
제 여권을 잃어버렸습니다. 이제 어쩌죠?

또박또박 쓰면서 말해볼까요? >> 말하기

- 钱包丢在火车上了。

- 我丢了信用卡。

- 在这儿没看到照相机吗?

- 领取丢失物品的地方在哪里?

- 我把护照丢了，能帮我找找吗?

- 我不知道是在哪儿丢的。

도난당했을 때

» 녹음을 듣고 소리내어 읽어볼까요?

거기 서! 도둑이야!
站住! 小偷!
Zhànzhù! Xiǎotōu
짠주! 시아오터우

저놈이 내 가방을 뺏어갔어요!
是他把我的提包拿走了。
Shì tā bǎ wǒ de tíbāo názǒule
스 타 바 워 더 티빠오 나저우러

저전거를 도둑맞았어요!
我的自行车被偷了。
Wǒ de zìxíngchē bèi tōule
워 더 쯔싱처 뻬이 터우러

지갑을 소매치기 당한 것 같아요.
钱包被小偷偷走了。
Qiánbāo bèi xiǎotōu tōuzǒule
치엔빠오 베이 시아오터우 터우저우러

돈은 얼마나 잃어버렸어요?
丢了多少钱?
Diūle duōshǎo qián
띠어우러 뚜어샤오 치엔

경찰에 신고하실래요?
你要报警吗?
Nǐ yào bàojǐng ma
니 야오 빠오징 마

Conversation

A: 有什么倒霉事儿?
B: 上午逛街的时候, 钱包被小偷偷走了。

무슨 재수없는 일이 있어요?
오전에 쇼핑할 때 지갑을 도둑맞았어요.

또박또박 쓰면서 말해볼까요?   >> 말하기 <<

- 站住! 小偷!

- 是他把我的提包拿走了。

- 我的自行车被偷了。

- 钱包被小偷偷走了。

- 丢了多少钱?

- 你要报警吗?

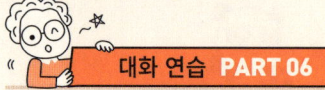

대화 연습 PART 06

• 우리 말을 중국어로 말해 보세요.

Unit 01 가게를 찾을 때

A: Zhège chéngshì de gòuwù jiē zài nǎli?
B: Hěnduō ya. Búguò Nánjīngdōnglù zuì rènao.

Unit 02 쇼핑센터에서

A: Qǐngwèn, zhè fùjìn yǒu bǎihuòshāngdiàn ma?
B: Yóujú duìmiàn jiù yǒu yìjiā bǎihuòshāngdiàn.

Unit 03 물건을 찾을 때

A: Mǎi shénme lǐwù héshì ne?
B: Chá huò jiǔlèi zěnmeyàng?

Unit 04 물건을 고를 때

A: Nǐ juédìng mǎi nǎge le ma?
B: Hái méi juédìng.

Unit 05 물건값을 흥정할 때

A: Tāi guì le, piányi yìdiǎnr ba.
B: Zhēnshì duìbuqǐ, bùnéng jiàngjià de.

Unit 06 물건 값을 계산할 때

A: Wǒ juéde hǎoxiàng shì suàn duō le.
B: Shì ma? Qǐng shāo děng yíhuìr. Wǒ quèrèn yíxià.

Unit 07 포장이나 배달을 원할 때

A: Wǒ mǎi zhè jiàn lǐwù, néng miǎnfèi bāozhuāng ma?
B: Mǎi bāozhuāngzhǐ, miǎnfèi bāozhuāng.

Unit 08 교환이나 환불을 원할 때

A: Zhè jiàn yīfú yǒu máobìng, qǐng gěi wǒ huàn yíjiàn.
B: Zhēn duìbùqǐ, wǒ mǎshàng gěi nín huàn yíjiàn.

Unit 09 물건을 분실했을 때

A: Nín yǒu shénmeshì ma?
B: Wǒ de hùzhào diūle. Xiànzài zěnmebàn?

Unit 10 도난당했을 때

A: Yǒu shénme dǎoméi shìer?
B: Shàngwǔ guàngjiē de shíhou, qiánbāo bèi xiǎotōu tōuzǒule.